高职高专**汽车检测与维修技术**专业系列

U0587487

汽车电器设备构造与检修

主　编　屈　贤　余　烽

副主编　王　政　谢　军

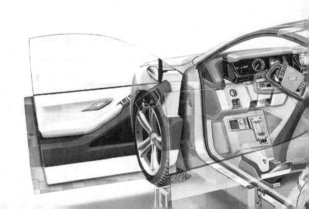

重庆大学出版社

内容提要

本书根据项目化教学的特点,将内容分为汽车电气系统的认知、汽车电源系统的检修、汽车启动系统的检修、汽车点火系统的检修、汽车照明与信号系统的检修、汽车信息与通信系统的检修、汽车辅助电气系统的检修、汽车车载网络系统的检修 8 个项目。每个项目的案例紧密结合维修企业的生产实践,不仅能够很好地配合基于工作过程的课程教学,还能培养学生自主学习与独立思考的能力,从而为学生成为技能型汽车电气系统高级维修人才打下理论和实践基础。

本书可作为高职高专院校汽车检测与维修技术专业、汽车运用技术专业及汽车电子技术专业的教材,也可供汽车修理行业的工程技术人员及汽车维修人员参考。

图书在版编目(CIP)数据

汽车电器设备构造与检修 / 屈贤,余烽主编. -- 重庆:重庆大学出版社,2019.8
高职高专汽车检测与维修技术专业系列教材
ISBN 978-7-5689-1569-4

Ⅰ.①汽… Ⅱ.①屈…②余… Ⅲ.①汽车—电气设备—构造—高等职业教育—教材②汽车—电气设备—车辆修理—高等职业教育—教材 Ⅳ.①U472.41

中国版本图书馆 CIP 数据核字(2019)第 147512 号

汽车电器设备构造与检修
主 编 屈 贤 余 烽
副主编 王 政 谢 军
策划编辑:曾显跃

责任编辑:姜 凤 版式设计:曾显跃
责任校对:关德强 责任印制:张 策

*

重庆大学出版社出版发行
出版人:饶帮华
社址:重庆市沙坪坝区大学城西路 21 号
邮编:401331
电话:(023)88617190 88617185(中小学)
传真:(023)88617186 88617166
网址:http://www.cqup.com.cn
邮箱:fxk@ cqup.com.cn(营销中心)
全国新华书店经销
重庆市国丰印务有限责任公司印刷

*

开本:787mm×1092mm 1/16 印张:15.25 字数:382 千
2019 年 9 月第 1 版 2019 年 9 月第 1 次印刷
印数:1—2 000
ISBN 978-7-5689-1569-4 定价:39.00 元

前言

随着我国汽车工业的发展和汽车保有量的增长,在汽车维修行业中,汽车电器设备的维修量占汽车维修总量的比重不断上升,对汽车电气系统维修专门人才的需求更是不断增长。因此,编写一本适用于汽车专业技术的技能型人才的教材显得极为迫切。

"汽车电器设备构造与检修"是汽车类专业的专业核心课程之一。全书分为 8 个学习项目,共 23 个学习任务,主要内容包括汽车电气系统的认知、汽车电源系统的检修、汽车启动系统的检修、汽车点火系统的检修、汽车照明与信号系统的检修、汽车信息与通信系统的检修、汽车辅助电气系统的检修、汽车车载网络系统的检修。

本书以汽车维修行业人才需求为基本依据,以职业岗位的实际工作任务为教学内容,通过综合和具体的职业技术实践活动,帮助学生积累工作经验,突出职业教育的特色,全面提升学生的职业道德、职业能力和综合素质。

全书由重庆工程职业技术学院屈贤、余烽担任主编,王政、谢军担任副主编,吴燕苹参编。在此,特别感谢重庆苏创鸿坤汽车销售服务有限公司、重庆市千帆汽车销售服务有限公司等校企合作单位提供的真实案例。

在本书的编写过程中,还参考了大量国内外相关著作和文献资料,在此,向有关作者表示真诚的感谢!

由于编者水平有限,书中不妥之处在所难免,恳请读者批评指正。

编　者

2019 年 5 月

目　录

项目 **1**
汽车电气系统的认知

学习导航

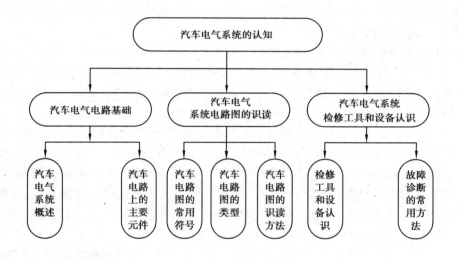

任务 1.1　汽车电气电路基础

【知识目标】
- 了解汽车电气系统的发展历程;
- 熟悉汽车电气系统的组成及汽车基本电路的主要元件。

【能力目标】
- 熟悉汽车电气系统的特点,利用其特点对具体问题进行分析;
- 熟悉汽车电器元件故障的种类、检修注意事项与常用诊断方法。

【相关知识】

1.1.1　汽车电气系统概述

(1)汽车电气系统的发展

随着汽车技术的发展,汽车已不再是单纯的运输工具,它正朝着高速、安全、经济、舒适、环保、智能化、人性化方向发展,而汽车电器的发展起着至关重要的作用。汽车电器技术的发展又主要是汽车电子技术的发展。

电子技术在现代汽车上的应用则是以微处理机对各种工作过程的控制为主要特点。微处理机实质上是一种比较简单、便宜的单片计算机,它把中央处理单元(CPU)、一定容量的存储器和输入输出接口电路集成在一块芯片上。微处理器工作时,通过各种传感器接收输入信息,经过分析、计算后再向执行机构发出指令,控制机构动作。

人们从 20 世纪 60 年代开始研究汽车电子技术,其发展大致可分为以下 3 个阶段:

①1965—1975 年,汽车电子产品由分立元件和集成电路 IC 组成。

②1975—1985 年,主要发展专用的独立控制系统,如电子控制汽油喷射、防抱死制动装置等。

③1985—2000 年,主要开发可完成各种功能的综合系统及各种车辆整体系统的集中控制,这个时代称为汽车的电子时代。

尤其是汽车电子技术的进步,将促使各子系统控制走向集中化,以此形成计算机集中控制系统,这一系统除中心计算机外,甚至包括多达 23 个微处理器以及大量的传感器和执行机构,组成一个庞大而复杂的信息交换和电控系统。目前,车用计算机的容量已与现代 PC 机不相上下,计算速度则要求更高。

目前来说,微处理器重点应用于最佳点火时刻控制、最佳空燃比控制、怠速控制、废气再循环控制、安全系统、减振控制系统、操纵系统、信息交换和报警系统、汽车导航系统、语音系统等。其中,微处理技术在发动机工作过程控制、自动变速、动力转向控制、防抱死制动系统、汽车悬架控制系统等方面已取得可喜的成果。随着计算机人工智能化的进展,将人工智能用于汽车控制已不再是遥远的事。国外已研究出装有人工智能电脑的汽车,当汽车运行过程中出现不正常工况时,电脑便会模仿人的声音向驾驶员发出警告。

今后汽车电子技术发展的主攻方向是不断地提高排放标准;不断地降低燃油消耗;不断地提高安全性;不断地提高舒适性,把汽车和外部交通环境结合起来考虑,优化汽车的行驶环境,强化交通运输高水平的监控,达到进一步节油,减少排放、减轻对人们生活的压力。

目前,应用电子技术对汽车进行适时控制的特点:并非是一两个因素的控制,往往需要多个信息输入,然后,经过信息处理后,才形成准确的判断,指令多个执行器协调完成一次控制动作,同时还要求能反馈该次控制结果,以作下次参考,完成汽车的适时控制过程。这主要是由于汽车行驶工况的变化范围甚宽,情况复杂,仅采用一个模型来解决全部工况的要求是不够的。例如,发动机的排放控制,若考虑所有工况的排放量都很低,不超标,即不管是处在什么工况下,如冷启动、暖车、怠速、低速、低负荷、加速、满载、高速、超速、超负荷等各类工况下,则非一般传统方法所能做到、非单纯机械所能完成。另外,有些技术要求已大大突破了当前的机械技术所具有的能力。例如,向车内发出反声波以抵消车内噪声;向发动机支座发出反振波以降低发动机对车身的振动及噪声、提高舒适性;等等。总之,电子技术在当代和未来汽车产品的技术中的重要地位是不能没有的也是无法代替的。

（2）现代汽车电器设备的组成

汽车电器设备主要由电源、用电设备和全车电路及配电装置三大部分组成。

1）电源

汽车电源包括蓄电池、发电机和调节器。

发电机与蓄电池并联工作，调节器的主要作用是在发电机转速变化时，自动保持发电机输出电压稳定。

2）用电设备

①启动、点火系统：用于启动发动机，主要包括起动机和控制电路。点火系统的任务是产生高压电火花，点燃汽油发动机汽缸内的可燃混合气。

②车辆电动系统：包括车辆的电动车窗、电动后视镜、风窗刮水器、电动座椅、电动天窗、中控门锁等小型电机驱动的设备。

③照明系统：用于提供车辆夜间安全行驶必要的照明，包括车外照明和车内照明。

④信号装置：用于提供安全行车所必需的信号，包括音响信号和灯光信号。

⑤仪表及报警装置：用来监测发动机及汽车的工作情况，使驾驶员能够通过仪表及报警装置及时得到发动机及汽车运行的各种参数和异常情况，确保汽车正常运行。它主要包括车速里程表、发动机转速表、水温表、燃油表、电流表、机油压力表、气压表及各种报警和指示灯。

⑥空调系统：用于保持车内适宜的温度和湿度，使车内空气清新。它主要包括制冷、采暖、通风和空气净化等装置。

⑦娱乐和信息系统：主要包括汽车音响、导航、通信等系统。

⑧全车电路及配电装置：主要包括中央接线盒、保险装置、继电器、电线束及插接件等。

⑨汽车电子控制系统：主要包括燃油喷射系统、电控点火系统、电控自动变速器、制动防抱死装置、电控悬架系统、自动空调等。

3）全车电路及配电装置

全车电路及配电装置包括中央接线盒、保险装置、继电器、电线束及插接件、电路开关等，使全车电路构成一个统一的整体。

（3）现代汽车电气系统的特点

汽车电器设备与普通的电器设备相比具有以下特点：

①低压：目前汽油车普遍采用 12 V 电源，重型柴油车多采用 24 V 系统。汽车运行中的电压，前者为 14 V，后者为 28 V。

②直流电：现代汽车发动机是靠电力起动机起动，起动机由蓄电池供电，向蓄电池充电必须用直流电，所以汽车电源系统为直流电系统。

③单线制：汽车的底盘及发动机是由金属制造的，具有良好的导电性能，因此，汽车电器设备的负极直接或间接通过导线与车架或车身金属部分相连，即用汽车的金属机体作为一条公共的零线，如图 1.1 所示。

④并联连接：各用电设备均采用并联，蓄电池与发电机之间以及所有用电设备之间，都采用正极接正极、负极

图 1.1　单线制

接负极。这样,当汽车在使用中某一支路出现故障时,不会影响其他支路的正常工作。并联连接如图1.2所示。

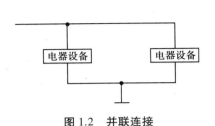

图1.2 并联连接

图1.3 负极搭铁

⑤负极搭铁:采用单线制时,蓄电池的负极接到车架或车身上,称为负极搭铁,如图1.3所示。为减少蓄电池电缆铜端子在车架、车身连接处的电化学腐蚀,提高搭铁可靠性,统一标准,便于汽车电子设备的生产、使用和维修,规定汽车电气系统采用单线制时,必须统一电源负极搭铁。

⑥保险装置:为了防止短路和过载,电路中通常设有保护装置,如熔断器、熔断丝和自动保护继电器等。

⑦线路的颜色和编号:为了区分不同线路的连接,汽车上的所有低压导线必须选用不同颜色的单色线或双色线,并在导线上编号。编号一般由生产厂家统一编定。

1.1.2 汽车电路上的主要元件

任何电器设备和电控装置想获得电源供电,中间装置的连接是必不可少的。常见的连接装置有汽车线束、开关装置、保险装置、继电器、连接端子和连接器等。

(1)导线

电路是通过导线连接起来的,多根导线又组成线束。按导线承受电压的高低,可分为高压导线和低压导线两种。发动机的点火线圈至各汽缸火花塞之间使用特制的高压点火线,其他位置和设备一律使用低压导线。

低压导线为带绝缘层的铜质多芯软线,如图1.4所示。低压导线的截面积主要是根据用电设备的工作电流选择的,但对于功率很小的电器,仅以工作电流的大小选择导线,其截面积太小,机械强度差,因此,汽车电气系统中所用的导线截面积不得小于0.5 mm^2。

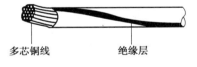

图1.4 低压导线

多芯铜线　　绝缘层

为了便于区分汽车线路,车上导线绝缘层采用不同的颜色,各国汽车厂商在电路图上多以字母(主要是英文字母)来表示导线绝缘层的颜色及条纹的颜色,其中截面积在4 mm^2以上的导线采用单色线,单色导线颜色和代号见表1.1。一般用一个字母表示,若用两个字母表示,则第一个字母大写,第二个字母小写。

表1.1 导线颜色和代号

导线颜色	黑	白	红	绿	黄	棕	蓝	灰	紫	橙
代号	B	W	R	G	Y	Br	Bl	Gr	V	O

绝缘皮上有两种颜色的导线称为双色导线,而在 4 mm² 以下的采用双色线。双色线的主色所占比例大,辅助色所占比例小。辅助色条纹与主色条纹沿圆周表面的比例为 1∶3~1∶5。双色线的标注第一色为主色,第二色为辅助色,例如,1.5Y 表示其标称截面积为 1.5 mm²,单色(黄色),而 1.0GY 表示标称截面积为 1.0 mm²,双色导线,主色为绿色,辅助色为黄色。

(2)线束

图 1.5　汽车线束

在汽车上,为了安装方便和保护导线,如图 1.5 所示,将同路的许多导线用棉纱编织物或聚氯乙烯塑料带包扎成束,称为线束。近年来,国外汽车为了检修导线方便,将导线包裹在用塑料制成开口的软管中,检修时将开口撬开即可。

一般汽车线束都分成几部分,再通过连接器来完成电路连接。发动机前置的汽车常分成发动机室盖下线束、仪表板转向开关线束、底盘后车灯线束等。

有些轿车电路往往将复杂的电路分解成许多小的线束,再用连接件与中央接线盒连接。

安装汽车线束时,通常将仪表板、各开关连接好,然后往汽车上安装。根据导线的颜色分别连接到相应的电器上,每个线头连接都必须牢固可靠,且接触良好。线束不可拉得太紧,尤其在拐弯处更需注意,在绕过锐角或穿过洞口时,应用橡胶、毛毡类的垫子或护套保护,以防磨损线束。

(3)连接器

目前汽车上大量采用连接器(也称为插接器)。连接器是汽车电路中不可缺少的元件,因连接可靠、检修方便而在汽车上广泛使用。为了防止汽车行驶过程中连接器脱开,所有连接器均采用闭锁装置。连接器大致可分为以下几类:第一类是连接线束和电器元件,第二类是连接线束与线束,第三类是连接线束与车身,还有一类称为过渡连接器,将连接器中需要连接的导线用短接端子连接起来。

插接器的符号和实物如图 1.6 所示。符号涂黑的表示插头,白色的表示插座,带有倒角的表示针式插头。

连接器接合时,应先将其导向槽重叠在一起,使插头和插孔对准且稍用力插入,这样就可以十分牢固地连接在一起,如图 1.7 所示。

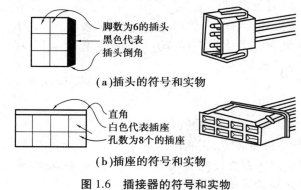

(a)插头的符号和实物

脚数为6的插头
黑色代表
插头倒角

直角
白色代表插座
孔数为8个的插座

(b)插座的符号和实物

图 1.6　插接器的符号和实物

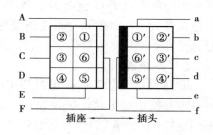

图 1.7　插接器的连接方法

1.1.3 电路保护装置

当电流超过规定值时,保险装置能够及时切断电路,防止烧坏连接线和电路设备,将故障限制在小范围内。汽车上的保险装置主要有熔断器、易熔线和断路器。

(1)熔断器

熔断器又称为熔断丝(俗称保险丝),常用于保护局部电路,其额定电流较小。熔断器的主要元件是熔断丝(片),其材料是锌、锡、铅等金属的合金。熔断器属于一次性保护装置,只要流经电路的电流过大,熔断器就会被熔断以形成断路,从而避免用电器因电流过大而发生损坏,每次过载后熔断器都需要更换。

现代汽车常设有多个熔断器,常见熔断器有熔管式、插片式等,其外形和电路符号如图1.8所示。

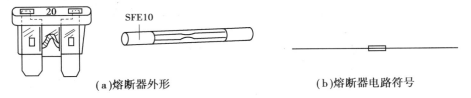

(a)熔断器外形　　　　　　　　(b)熔断器电路符号

图 1.8　熔断器外形和电路符号

汽车上的熔断丝集中布置在发动机舱和乘客舱的几个保险丝盒上,通常采用不同颜色来配合其标定值。表1.2显示了熔断丝塑料外壳的颜色标识。

表 1.2　熔断丝塑料外壳的颜色标识

熔断丝颜色	紫	粉	棕	红	蓝	黄	白	绿
电流值/A	3	5	7.5	10	15	20	25	30

(2)易熔线

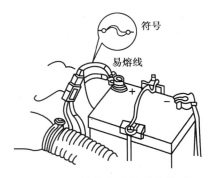

易熔线是在电流通过时熔化和断开电路而设计的导线,是一种大容量的熔断器。其截面积小于被保护导线的截面积,可长时间通过额定电流。易熔线常用于保护电源电路和大电流电路,当电流超过易熔线额定电流数倍时,易熔线首先熔断,以确保线路或电器设备免遭损坏。易熔线的多股绞合线外面包有聚乙烯护套,比常见导线柔软,一般长度为 50~200 mm,通过连接件接入电路,其电路符号和外形如图1.9所示。

图 1.9　易熔线电路符号和外形

(3)断路器

断路器是当电流负荷超过用电设备额定容量时将电路断开的一种可重复使用的电路保护装置。电路断路器是机械装置,它利用两种不同金属(双金属)的热效应断开电路,如果电路中存在短路或其他类型的过载条件,强大的电流将使断路器端子之间的线路形成断路。断路器符号,如图1.10所示。

图 1.10　断路器符号

（4）继电器

汽车采用 12 V 的低压直流电源,需要消耗的电流较大,电路通断时对开关触点有较大的电流冲击,有些场合会使用同一个开关的信号来控制多个电器,所以很多用电设备要借助于继电器来供电。

继电器大部分都采用电磁继电器,由电磁铁和触点组成。继电器种类有很多,按触点状态分为常开型、常闭型和开闭混合型。

①常开型继电器:触点在继电器不工作时是断开的,继电器线圈通电时触点才接通。

②常闭型继电器:触点在继电器不工作时是闭合的,继电器线圈通电后触点才打开。

③开闭混合型继电器:在继电器不工作时,常闭触点接通,常开触点断开,当继电器线圈通电时,则变为相反状态。

各种继电器的工作状态,见表 1.3。

表 1.3　各种继电器的工作状态

工作状态	类　型		
	常开型(N/O)继电器	常闭型(N/C)继电器	开闭混合型继电器
正常(通常)状态	不通→ 通 不通→ 不通→	通→	不通→ 通 不通→ 通
线圈通电时的情况	12 V 通→ 12 V 通→ 通	12 V 12 V 不通→	12 V 通→ 不通→ 12 V 不通→ 通

图 1.11 为四脚继电器,其 85 脚与 86 脚之间为线圈,30 脚接蓄电池正极,是触点的输入端,而 87 脚是触点的输出端,负责为用电设备供电。

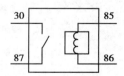

图 1.11　四脚继电器

（5）开关

开关是用来控制汽车电路中各种用电设备的电器装置,一般安装在驾驶员容易操作的范围。开关按操作方式可分为手操纵和脚踏式两种;按结构原理可分为机械开关和电磁开关两种;按用途可分为电源开关、点火开关及灯光开关等。

电源开关又称为电源总开关,是用于切断蓄电池与外电路连接的开关装置,以防止车辆停驶过程中蓄电池经外电路漏电。常用于客车和货车。

点火开关是一个多挡开关,需用相应的钥匙才能对其进行操作。点火开关通常用于控制点火电路、仪表电路、发电机励磁电路、启动电路及一些辅助电气电路等。有些类型的点火开关设计成停车时用钥匙可锁住转向盘。汽车的点火开关装在转向柱上,通常有 5 个挡位,如图 1.12 所示。

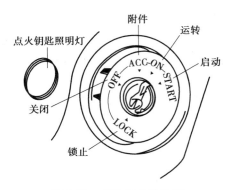

图 1.12　点火开关的位置

①锁止(LOCK)。钥匙在此位置才能拔出,也在此位置锁住转向盘,以防止汽车无钥匙被移动或被开走。

②关闭(OFF)。钥匙在此位置全车电路不通,但转向盘可以转动,以便不启动发动机移动汽车使用。

③附件(ACC)。钥匙在此位置汽车附属电器的电路接通,如点烟器、收音机等,但点火系统不通。不启动发动机听收音机时应开在此位置。

④运转(ON)。钥匙在此位置时点火系统及汽车各用电器均接通,一般汽车行驶时均在此位置。

⑤启动(START)。由运转位置顺时针方向旋转钥匙即为启动位置,手放松时,钥匙又可自动回到运转位置。在启动位置,点火系统及启动系统均接通以启动发动机。

为了保证行车安全,在汽车电气系统整体结构设计中,多将转向开关、危险报警开关、示廓灯与前照灯开关、变光开关、刮水器开关、洗涤器开关、喇叭开关等组装在一起,又称为组合开关,如图 1.13 所示。

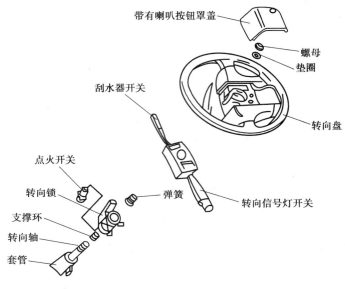

图 1.13　组合开关

【实训指导】

(1)任务描述

继电器、保险丝的检测。

（2）操作指引

1）组织方式

①场地设施：工作台。

②设备设施：继电器、保险丝。

③工量具：数字万用表、导线等。

④耗材：棉纱、防护套等。

2）操作要点

①穿戴干净整洁的工作服。

②遵守场地安全规定，注意用电安全。

③正确使用拆装工具、数字万用表、测量仪器等工具。

（3）任务实施及工单

保险丝、继电器的检测					
学生姓名		学号		日期	
实训场地				课时	

（1）保险丝基本信息

保险丝 1	颜色		标定值	
保险丝 2	颜色		标定值	

（2）计划与决策

1）本次任务：确定继电器、保险丝的检测方案。

2）根据任务要求，确定所需要的技术资料，并对小组成员进行合理分工。

①本次任务所需要的技术资料。

②本次任务所需要的检测仪器及常用工具。

③完成本次任务的安全注意事项。

3）小组成员分工及小组成员具体任务分配。

姓　名	任务分配内容	备　注

4）小组的讨论结果。

（3）实施

1）目测观察保险丝的好坏＿＿＿＿＿＿＿＿＿＿＿＿。

2）使用万用表测试保险丝的通断＿＿＿＿＿＿＿＿＿＿＿＿。

3）继电器的检测。

①认识汽车继电器的插脚。

②不带电情况下检测 85～86 插脚、87～30 插脚的电阻。

③蓄电池给 85～86 插脚供电的情况下,听继电器是否有"嗒嗒"声。若没有,则继电器损坏;若有,则进行检测。

④蓄电池给 85～86 插脚供电的情况下,检测 87～30 插脚的导通情况。

⑤继电器检测结论＿＿＿＿＿＿＿＿＿＿＿＿。

（4）总结

任务 1.2　汽车电气系统电路图的识读

【知识目标】
- 了解汽车电路图的种类；
- 熟悉汽车电路图的识读方法。

【能力目标】
- 能够识读汽车电路图常用的图形符号；
- 掌握汽车电路图的读图方法。

【相关知识】

1.2.1　汽车电路图的常用符号

汽车电路图是利用图形符号和文字符号，表示汽车电路构成、连接关系和工作原理，而不考虑其实际安装位置的一种简图。为了使电路图具有通用性，便于进行技术交流，构成电路图的图形符号和文字符号，不是随意的，它有统一的国家标准和国际标准。要看懂电路图，必须了解图形符号和文字符号的含义、标注原则和使用方法。表 1.4 为汽车电路常用图形符号。

表 1.4　汽车电路常用图形符号

序号	名称	图形符号
1	直流	—
2	交流	 ∿
3	交直流	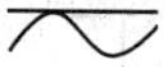 ≈
4	搭铁	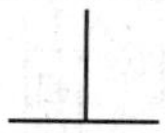 ⏚
导线端子和导线连接		
1	接点	●
2	导线 T 形连接	
3	导线交叉连接	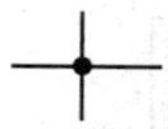
4	插头和插座	
电器元件		
1	电阻	
2	可变电阻	
3	滑线式可变阻器	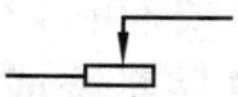

续表

序号	名称	图形符号
4	熔断器	
5	半导体二极管	
6	发光二极管	
7	PNP 型三极管	
8	常开触点继电器	

1.2.2　汽车电路图的类型

汽车电路图是用国家标准规定的线路符号,对汽车电器的构造组成、工作原理、工作过程及安装要求所作的图解说明,也包括图例及简单的结构示图。汽车电路图主要有原理框图、线束图、电路原理图和元件位置图等。

(1)原理框图

原理框图是指用符号或带注释的框概略地表示汽车电气系统基本组成、相互关系及主要特征的一种简图,如图 1.14 和图 1.15 所示。

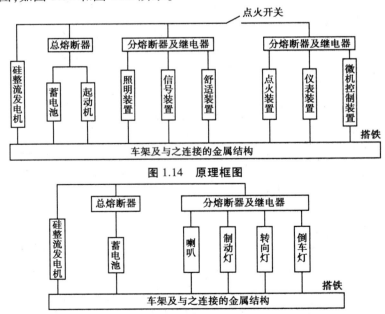

图 1.14　原理框图

图 1.15　汽车信号系统原理框图

原理框图的特点主要有:

①它所描述的对象是系统或分系统。

②它所描述的内容是系统或分系统的基本组成和主要特征,而不是全部组成和特征。

③它对内容的描述是概略的,而不是详细的。

④表示系统或分系统基本组成的是图形符号和带注释的框。

(2)线束图

线束图是根据电器设备在汽车上的实际安装部位绘制的全车电路图。在图上,部件与部件之间的导线以线束形式出现。线束图可以确定电线束与各用电器的连接部位、接线柱的标记、线头、连接器的形状及位置。BYD F3 汽车部分线束的布置方式,如图 1.16 所示。

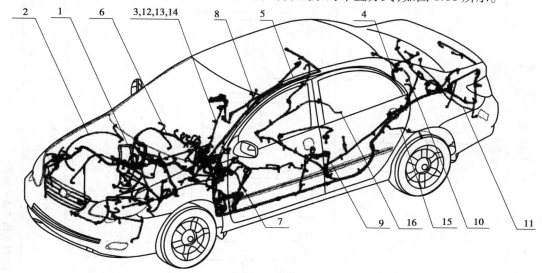

图 1.16　BYD F3 汽车部分线束图

1—发动机线束;2—翼子板线束;3—仪表板线束;4—地板线束;5—顶棚线束;6—右前门线束;7—左前门线束;8—右后门线束;9—左后门线束;10—后风窗玻璃加热线束搭铁线;11—后保险杠线束;12—光照强度传感器线束;13—日光照射传感器线束;14—空调线束;15—左后轮轮速传感器线束;16—右后轮轮速传感器线束

(3)电路原理图

电路原理图可分为整车电路原理图和局部电路原理图。

整车电路原理图能够使读图者对全车电路有整体的认识,它既是一幅完整的全车电路图,又是一幅互相联系的局部电路图,重点、难点突出,繁简适当。在此图上建立起电位高、低的概念:其负极接地(俗称搭铁),电位最低,可用图中最下方的一条直线表示;正极电位最高,可用图中最上方的一条直线表示。电流的方向基本都是由上而下,路径为电源正极→开关→用电设备→搭铁→电源负极;减少了电线的曲折与交叉,布局合理,图面简洁、清晰。图形符号的绘制考虑到元器件的外形与功能,便于读者联想、分析,易读、易绘;各局部电路(或称子系统)之间互联关系明确。发电机与蓄电池之间、各个子系统之间的连接点基本保持原位,熔断器、开关及仪表等部件的接法基本与实物吻合。

为了弄清汽车电器的内部结构、各个部件之间的相互连接关系,弄懂某个局部电路的工作原理,常从整车电路图中抽出某个需要研究的局部电路,可参照其他资料(必要时根据实物测绘、检查和试验、记录),将重点部位进行放大、绘制并加以说明。这种电路图中用电设备少、幅面小,更加简单明了,易读易绘;其缺点是只能了解电路的局部。图 1.17 为 BYD F3 的启动和点火电路图。

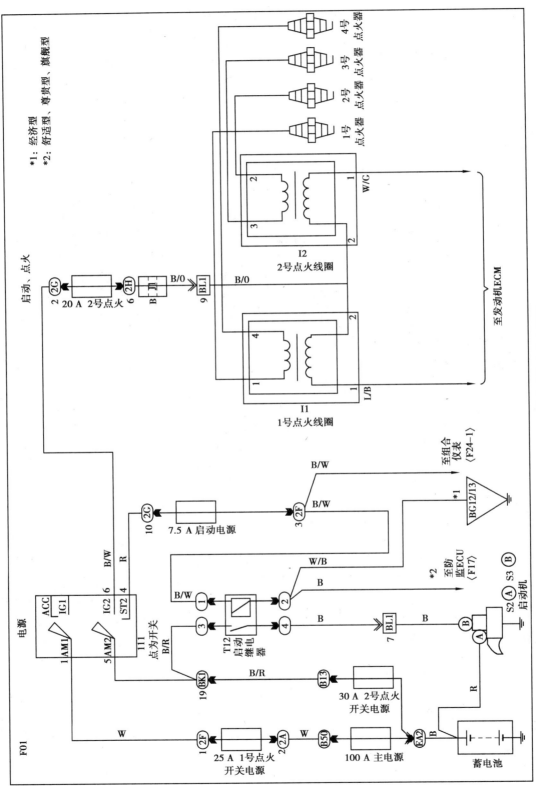

图1.17 BYD F3的启动和点火电路图

（4）元件位置图

元件位置图主要是表明一些车辆的电器元件位置，如图1.18所示。

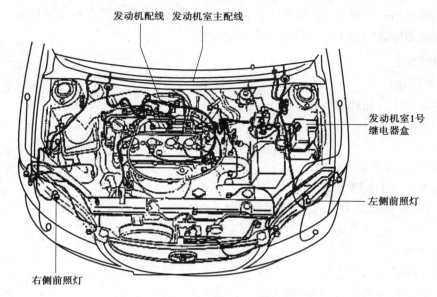

发动机配线　发动机室主配线

发动机室1号继电器盒

左侧前照灯

右侧前照灯

图1.18　桑塔纳2000型轿车元件位置图

1.2.3　汽车电路图的识读方法

当拿到一张汽车电路图，无论是接线图还是电路原理图时，一般都是线条密集、纵横交错、头绪多而杂，不容易看懂。在认识了汽车电路图中的图形符号及有关标志，知道了汽车电路图的种类后，可按照以下方法对整车电路图进行阅读。

（1）阅读图注

在阅读局部电路图时，首先必须认真阅读图注，清楚该部分电路所包含的电器设备种类及数量等，有利于在读图中抓住重点。

（2）化整为零

按整车电路的各功能及工作原理把整车电气系统划分成若干个独立的电路，分别进行分析。通常将整车电路分解成电源、启动、点火、照明、信号、仪表、报警等系统来进行分析。

（3）掌握回路的原则

对全车电路而言，所有用电设备都是并联的，任何一个电路系统都是一个完整的电气系统，即闭合回路。它包括电源、开关、熔断器、用电设备、导线等，电流通过顺序从电源正极→熔断器→开关→用电设备→搭铁→电源负极。

（4）熟悉开关作用

开关是控制电路通断的关键，通常按操纵开关的功能及不同工作状态来分析电路的工作原理，如点火系统供电、点火开关应处于点火挡或启动挡。在标准画法的电路图中，开关总是处于零位，即开关处于断开状态，电子开关的状态则视具体情形而定。

（5）了解工作状态法

现代汽车电路中经常采用各种继电器对一些复杂电路进行控制。阅读电路图时,可以把含有线圈和触点的继电器看成由线圈工作的控制电路和触点工作的主电路两部分。主电路的触点只有在线圈电路中有工作电流流过后才能动作。

【实训指导】

（1）任务描述

电路图的识读及元件查找。

（2）操作指引

1）组织方式

①场地设施:举升机1台。

②设备设施:BYD F3 轿车。

③工量具:汽车拆卸工具、数字万用表等。

④耗材:棉纱、防护套等。

2）操作要点

①穿戴干净整洁的工作服。

②遵守场地安全规定,注意用电安全。

③正确使用拆装工具、数字万用表、测量仪器等工具。

（3）任务实施及工单

电路图可识读及元件查找					
学生姓名		学号		日期	
实训场地				课时	

（1）车辆基本信息

车型		年份		制造商	
实训车号		VIN 码			
燃油		蓄电池电压		里程	
机油数量		制动液数量		其余油液数量	

（2）计划与决策

1）本次任务:确定电路图识别及元件查找方案。

2）根据任务要求,确定所需要的技术资料,并对小组成员进行合理分工。

①本次任务所需要的技术资料。

②本次任务所需要的检测仪器及常用工具。

③完成本次任务的安全注意事项。

④小组成员分工及小组成员具体任务分配。

姓　名	任务分配内容	备　注

⑤小组的讨论结果。

（3）实施

①画出 BYD F3 启动的电路图并在车上找到相关元件。

②画出 BYD F3 点火的电路图并在车上找到相关元件。

（4）检查

（5）总结

(4)任务评分

评分点	评分标准	配分/分	扣分/分
测试准备	①初次未进行简单、全面检查(目视)而直接启动发动机的,包括蓄电池电压、冷却液、制动液、润滑油,每项扣1分 ②未安装挡块、尾气抽排设备、翼子板布、座套、转向盘套的,每项扣1分 ③驾驶员侧车窗玻璃未降落的,扣1分 合计不超过10分	10	
人物安全	①初次启动发动机,未请示老师而直接启动发动机的,扣3分 ②未警示同伴而直接启动发动机的,每次扣2分 合计不超过5分	5	
设备使用	①工具、仪器、仪表和测试设备选择不合理的,每次扣1分 ②未做好工具、仪器、仪表和测试设备准备工作而直接进行测试的,每次扣1分 ③未正确连接仪器、仪表和测试设备到车辆的,每次扣1分 ④未正确操作车辆到测试条件而直接进行测试的,每次扣1分 ⑤测试设备操作不正确而没有读取出诊断信息的,每次扣1分 ⑥每次测试完成后,测试设备未合理归位的,每次扣1分 合计不超过20分	20	
交流	①测试目的不明确的,每次扣1分 ②诊断结论不正确的,每次扣2分 合计不超过10分	10	
操作规范	①拆卸下的零部件未正确码放的,每次扣0.5分 ②测试完成后未正确恢复车辆的,每次扣1分 ③操作过程中,不符合相应操作规范的,每次扣1分 ④操作过程中对测试设备和车辆可能构成损坏而被老师制止的,每次扣2分 合计不超过20分	20	
团队协作	①出现队员闲置超过3 min,每次扣1分 ②出现肢体碰撞的,每次扣1分 ③出现现场混乱的,扣1分 合计不超过5分	5	
现场整洁	①地面或工作台不洁的,扣1分 ②工具设备摆放凌乱的,扣1分 ③工具丢失或脱落的,扣3分 合计不超过3分	3	
环保意识	启动车辆未连接尾气排放装置的,扣2分	2	
报告	①未准确描述故障现象的,扣3分 ②诊断思路有问题的,扣10分 ③诊断结论错误的,扣12分 合计不超过25分	25	
合计		100	

任务 1.3　汽车电气系统检修工具和设备认识

【知识目标】
- 了解汽车电气系统检修工具的基本原理;
- 熟悉汽车电气系统检修工具的使用方法及注意事项。

【能力目标】
- 能使用汽车电气系统检修工具进行相应的检修。

【相关知识】

1.3.1　汽车电气系统检修工具和设备认识

在现代汽车运用与维修的实际工作中,人们越来越多地运用到更先进的检修工具及仪器及电子诊断设备,掌握这些设备的运用,是一名合格汽修技师的基本要求。

(1)跨接线

在汽车电路维修中,跨接线是非常实用的必备工具,在某些电器设备功能失效时,用跨接线将其短路,可以检查电器设备的工作情况。在使用跨接线时应特别注意,不可将被测试电器的正极导线与搭铁线直接跨接,以免造成短路,烧坏易熔线或熔断器。跨接线是一根测试导线,可用已知良好的导线来代替怀疑有故障的电路部分,其作用相当于导通测试。如图 1.19 所示,跨接线可配上与通导性测试笔相同的探针和夹子,也可设计成各种特殊形式。

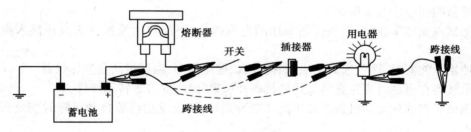

图 1.19　跨接线的使用

(2)试灯

试灯的局限性在于它不能显示出被检电路点的电压值是多少。

1)无源试灯

无源试灯包括一个 12 V 的灯泡和一对引线,其中一条引线接地,用另一条引线分别接触不同的测试点,检测是否有电压。如果灯亮,表示测试点有电压,如图 1.20 和图 1.21 所示。

2)有源试灯

有源试灯与无源试灯类似,只是自带一个电池电源,当连接到一条导线的两端上时,试灯内灯泡点亮,可用于测试线路的通、断,如图 1.22 所示。

注意:不能用有源试灯测试带电电路,否则会损坏试灯。

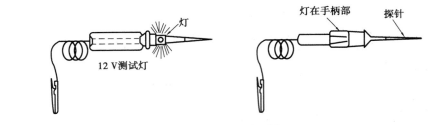

图 1.20　无源试灯

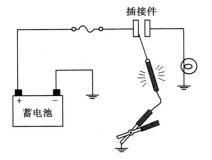

图 1.21　无源试灯的使用

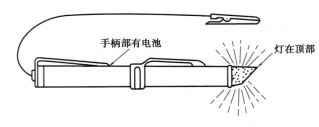

图 1.22　有源试灯

（3）示波器

示波器是观察和测试电压信号波形的一种测量仪器。示波器可用来研究电压信号瞬时幅度随时间的变化关系,也可用来测量各种电压信号的幅度、上升时间和频率等特性（即示波器不仅是一种时域测量仪器,也是频域测量仪器的重要组成部分）。借助于各种传感转换设备后示波器还可用来观察各种非电量信号,例如,温度、压力、流量、生物信号等。

示波器的使用注意事项如下:

①测试点火高压线时,必须使用专用的电容探头,不能将示波器探头直接接入点火次级电路。

②使用示波器时,注意远离热源,如排气管、催化器等,温度过高会损坏仪器。

③示波器在测试时要注意测试线尽量离开风扇叶片、皮带等转动部件。

④测试时需确认发动机盖的液压支撑是否完好,防止发动机盖自动下降时伤及头部或损坏示波器。

⑤路试中,不要将示波器放在仪表台上方,最好是拿在手中测试。

（4）万用表和汽车专用数字万用表

数字万用表又称数字多用表。它是一种多用途、多量程的电工仪表。实际上它是在直流数字电压表 DVM 的基础上增加了一些转换器而构成的。它不但可以测量交直流电压、交直流电流和电阻,还可以测量电容及信号频率、判断电路的通断等。万用表通常具备交流/直流（AC/DC）电压、电流、电阻、频率、二极管等检测功能。

1）电路导通性测试

①将万用表的测试导线接入相应插孔（红表笔插入 V/Ω 插孔,黑表笔插入 COM 插孔）。

②将万用表的功能选择开关置于电路通导/二极管测试挡位。

③将万用表的两测试导线接入被测试电路。

④若万用表的蜂鸣器发出警报声,表明所测试电路没有断路情况。

2)二极管测试

①将万用表的测试导线接入相应插孔(红表笔插入 V/Ω 插孔,黑表笔插入 COM 插孔)。

②将万用表的功能选择开关置于电路通导/二极管测试挡位。

③将万用表的红黑表笔分别接被测试二极管的两个管脚,观察显示值,然后将两个表笔交换位置,再测一次。

若一次显示"OL",另一次显示某个数值(1. ××或者 0. ××),表明二极管状态良好,其中显示"OL"时,红表笔所连的管脚为二极管的阴极;若两次都显示"OL",表明二极管内部已经断路;若两次都显示一个很小的数值,表明二极管内部已经被击穿。

3)电压的测试

①将万用表的测试导线插入相应的插口。

②将万用表的功能选择开关置于电压测量挡位,并根据带测量电压的类型选择直流和交流位置。

③根据待测电压的大小选择量程。

④将万用表的测试导线接入待测电路,黑表笔接地,红表笔接信号线。

⑤闭合待测试电路,观察万用表显示区域的电压读数。

⑥必要时按下 HOLD 按钮,锁定测试结果,并与标准值进行对比。

4)电阻的测试

①将万用表的测试导线接入相应插孔(红表笔插入 V/Ω 插孔,黑表笔插入 COM 插孔)。

②将万用表的功能选择开关置于电阻测量挡位,量程的范围:0 ~ 200 Ω,0 ~ 2 kΩ,0 ~ 200 kΩ,0 ~ 2 MΩ。

③将万用表的测试导线接入待测元件,黑表笔和红表笔分别连接待测元件的接线端子。

④观察万用表实现区域的数据显示。

⑤必要时按下 HOLD 按钮,锁定测试结果,并与标准值进行对比。

(5)OBD-Ⅱ系统诊断及故障诊断仪

OBD 是车载自动诊断系统(On-Board Diagnostics)的英文缩写。这个系统将从发动机的运行状况随时监控汽车是否尾气超标,一旦超标,会马上发出警示。当系统出现故障时,故障(MIL)灯或检查发动机(Check Engine)警告灯亮,同时动力总成控制模块(PCM)将故障信息存入存储器,通过一定的程序可以将故障码从 PCM 中读出。根据故障码的提示,维修人员能迅速准确地确定故障的性质和部位。OBD-Ⅱ指的是第二代车载自动诊断系统,是美国汽车工程师协会(Society of Automotive Engingears, SAE)在 1994 年制定的车载自诊断系统标准规范。OBD-Ⅱ与以前的所有车载自诊断系统不同之处在于有严格的排放针对性,其实质性能就是监测汽车排放。当汽车排放的一氧化碳(CO)、碳氢化合物(HC)、氮氧化合物(NO$_x$)或燃油蒸发污染量超过设定的标准,故障灯就会点亮报警。

SAE J2010 规定了一个 5 位标准故障代码,第 1 位是字母,后面 4 位是数字,如图 1.23 所示。

解码器通过汽车电脑的自诊断座在 OBD-Ⅱ协议支持下与汽车电脑进行互相通信交流各种信息,从而获取电脑工作的重要参数,如图 1.24 所示。它是唯一能与汽车电脑直接进行交流信息的故障诊断仪。

解码器的使用方法如下:

①连接 OBD-Ⅱ诊断插座,打开点火开关,如图 1.25 所示。

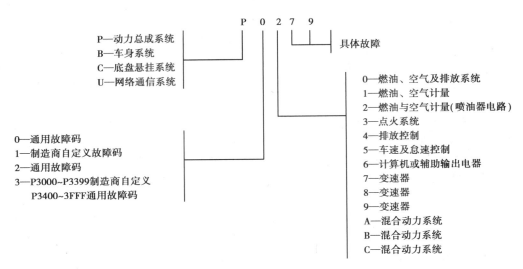

P   0   2   7   9

P—动力总成系统
B—车身系统
C—底盘悬挂系统
U—网络通信系统

具体故障

0—燃油、空气及排放系统
1—燃油、空气计量
2—燃油与空气计量(喷油器电路)
3—点火系统
4—排放控制
5—车速及急速控制
6—计算机或辅助输出电器
7—变速器
8—变速器
9—变速器
A—混合动力系统
B—混合动力系统
C—混合动力系统

0—通用故障码
1—制造商自定义故障码
2—通用故障码
3—P3000~P3399制造商自定义
　　P3400~3FFF通用故障码

图 1.23　标准故障代码

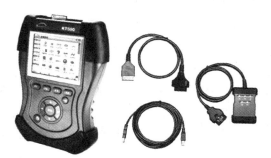

图 1.24　KT600 解码器

图 1.25　连接 OBD-Ⅱ诊断插座

②按解码器电源开关(POWER 键),进入开机界面,如图 1.26 和图 1.27 所示。

图 1.26　解码仪界面

图 1.27　车系选择界面

③根据被测车辆,点击屏中车系选择,进入车系界面。点击屏中"OK",进入车型选择界面,如图 1.28 所示。

④根据被测车辆,点击屏中车标,进入车辆系统界面,如图 1.29 所示。

⑤点击屏中发动机 1,再点击"OK",进入故障测试界面,如图 1.30 所示。

⑥点击屏中读取故障码,显示故障代码,如图 1.31 所示。

图1.28　车型选择界面

图1.29　车辆系统界面

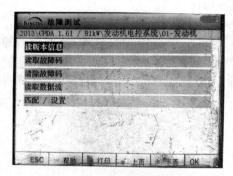

图1.30　故障测试界面

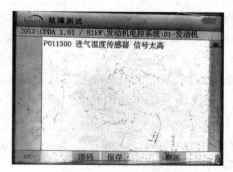

图1.31　显示故障代码

⑦点击"Esc"按键(返回)至首页并关闭解码器电源开关。

1.3.2　汽车电气系统故障诊断的常用方法

(1)直观法

当汽车电气系统某个部分发生故障时,会出现冒烟、火花、异响、焦臭、高温等异常现象。通过人体的感觉器官,对汽车电器进行直观检测,判断出故障的所在部位,从而提高检修速度。

(2)检查保险法

当汽车电气系统出现故障时,首先应查看保险是否完好。如汽车在行驶过程中,若某个电器突然停止工作,同时该支路上的熔断器熔断,说明该支路有搭铁故障存在;某个系统的保险反复烧断,则表明该系统一定有类似搭铁的故障存在,不应只更换熔断器。

(3)低压搭铁试火法

低压搭铁试火法应用于判断线束或导线有无开路。拆下用电设备的某一线头对汽车的金属部分搭铁碰试,根据火花的有无,判断是否开路。注意:试火不宜用来检测汽车电子电路,以免损坏电子元件。

(4)试灯法

用一个汽车灯泡作为临时试灯,检测线束是否开路或短路,电器或电路有无故障等。此方法特别适合检测不允许直接短路的带有电子元件的电器。当使用试灯法时应注意试灯的功率不要太大,在测试电子控制器的控制(输出)端是否有输出时尤其要慎重,防止控制器超载损坏。

（5）短路法

短路法又称为短接法,即将某段导线或某一电器短接后观察用电器的变化。

（6）替换法

替换法用于故障原因比较复杂的情况,对可能产生的故障原因逐一进行排除。具体的做法是用完好的零部件替换被认为有故障的零部件,这样做可以试探出怀疑是否正确。若替换后故障消除,说明怀疑成立;否则,安装回原件,进行新的替换,直至找到真正的故障部位。

（7）模拟法

模拟法是对发生故障的条件模拟验证后,进行诊断故障。常见的模拟方法有车辆振动模拟、热敏感性（温度）模拟（注意:不要将电器元件加热到 60 ℃ 以上）、浸水模拟（注意:不得将水直接喷在电器元件上）、电负载模拟、冷启动或热启动模拟等。

（8）仪器法

随着汽车电器设备的日趋复杂,在维修中,特别是电子设备较多的车辆,使用专用的仪器是十分必要的。现代汽车上计算机控制系统越来越多,利用故障诊断仪读取故障码和数据流进行故障诊断快捷,能有效地缩小故障范围,甚至能直接完成故障定位。因此,对计算机控制系统的故障,应优先采用故障诊断仪的方法。

【实训指导】

（1）任务描述

解码仪的使用。

（2）操作指引

1）组织方式

①场地设施:举升机 1 台。

②设备设施:自动挡捷达轿车。

③工量具:汽车拆卸工具、数字万用表、解码仪等。

④耗材:棉纱、防护套等。

2）操作要点

①穿戴干净整洁的工作服。

②遵守场地安全规定,注意用电安全。

③正确使用拆装工具、数字万用表、测量仪器等工具。

（3）任务实施及工单

解码仪的使用					
学生姓名		学号		日期	
实训场地				课时	
（1）车辆基本信息					
	车型		年份		制造商	
	实训车号		VIN 码			
	燃油		蓄电池电压		里程	
	机油数量		制动液数量		其余油液数量	

（2）计划与决策

1）本次任务:确定解码仪的使用方案。

2）根据任务要求,确定所需要的技术资料,并对小组成员进行合理分工。

①本次任务所需要的技术资料。

②本次任务所需要的检测仪器及常用工具。

③完成本次任务的安全注意事项。

3）小组成员分工及小组成员具体任务分配。

姓　　名	任务分配内容	备　　注

4）小组的讨论结果。

（3）实施

①确认测试条件(每做完一步请在后面括号内打"√"):

a.关闭汽车所有附属电器设备(空调、大灯、音响等)。　　　　　　　　　　　　　　（　　）

b.确认电瓶电压应在 11~14 V,实测电压为_____。　　　　　　　　　　　（　　）

c.空挡,拉紧驻车制动,在前后轮上垫上止动楔块。　　　　　　　　　　　　　　　（　　）

d.打开发动机舱,铺上维修护裙,视情况拆除发动机塑料罩。　　　　　　　　　　（　　）

②从塑料箱中取出 KT600 型解码仪,找出与车型相配的专用诊断接头,此车型相配的专用诊断接头上标识为:_____,取出诊断测试延长线,将三者进行连接。

③找到汽车诊断座位于_____位置(根据维修手册查找,一般位于驾驶室方向柱或换挡杆附近),将 KT600 诊断仪连接到诊断座上。

④读取故障码,填入下表(以第二次读取为准)。

故障代码	故障内容

⑤退出程序,关闭解码器。根据故障的提示,请老师协助排除故障。

⑥对检查结果进行分析、判断,得出结论。

故障点_____;故障原因_____;结论_____。

⑦再次使用解码仪读出故障码,查看故障是否排除。

(4)检查

(5)总结

(4)任务评分

评分点	评分标准	配分/分	扣分/分
测试准备	①初次未进行简单、全面检查(目视)而直接启动发动机的,包括蓄电池电压、冷却液、制动液、润滑油,每项扣 1 分 ②未安装挡块、尾气抽排设备、翼子板布、座套、转向盘套的,每项扣 1 分 ③驾驶员侧车窗玻璃未降落的,扣 1 分 合计不超过 10 分	10	

续表

评分点	评分标准	配分/分	扣分/分
人物安全	①初次启动发动机,未请示老师而直接启动发动机的,扣3分 ②未警示同伴而直接启动发动机的,每次扣2分 合计不超过5分	5	
设备使用	①工具、仪器、仪表和测试设备选择不合理的,每次扣1分 ②未做好工具、仪器、仪表和测试设备准备工作而直接进行测试的,每次扣1分 ③未正确连接仪器、仪表和测试设备到车辆的,每次扣1分 ④未正确操作车辆到测试条件而直接进行测试的,每次扣1分 ⑤测试设备操作不正确而没有读取出诊断信息的,每次扣1分 ⑥每次测试完成后,测试设备未合理归位的,每次扣1分 合计不超过20分	20	
交流	①测试目的不明确的,每次扣1分 ②诊断结论不正确的,每次扣2分 合计不超过10分	10	
操作规范	①拆卸下的零部件未正确码放的,每次扣0.5分 ②测试完成后未正确恢复车辆的,每次扣1分 ③操作过程中,不符合相应操作规范的,每次扣1分 ④操作过程中对测试设备和车辆可能构成损坏而被老师制止的,每次扣2分 合计不超过20分	20	
团队协作	①出现队员闲置超过3 min,每次扣1分 ②出现肢体碰撞的,每次扣1分 ③出现现场混乱的,扣1分 合计不超过5分	5	
现场整洁	①地面或工作台不洁的,扣1分 ②工具设备摆放凌乱的,扣1分 ③工具丢失或脱落的,扣3分 合计不超过3分	3	
环保意识	启动车辆未连接尾气排放装置的,扣2分	2	
报告	①未准确描述故障现象的,扣3分 ②诊断思路有问题的,扣10分 ③诊断结论错误的,扣12分 合计不超过25分	25	
合计		100	

项目 2

汽车电源系统的检修

学习导航

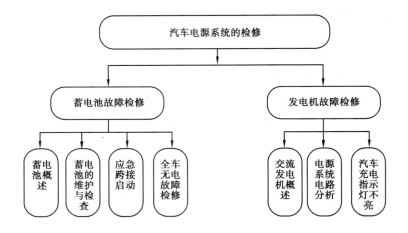

任务 2.1　蓄电池故障检修

【知识目标】

- 了解蓄电池的作用及类型；
- 熟悉蓄电池的组成、部件结构和工作原理。

【能力目标】

- 能拆装、检测蓄电池；
- 掌握电源系统常见故障的诊断方法。

【相关知识】

汽车有蓄电池和发电机两个电源,它们用于向全车用电设备供电。汽车电源系统由发电机及调节器(装在发电机内)、蓄电池、放电警告灯、点火开关等组成。汽车电源系统,如图 2.1 所示。

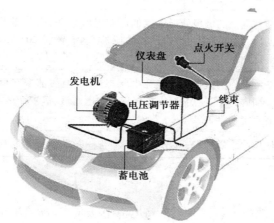

图 2.1　汽车电源系统

2.1.1　蓄电池概述

(1)蓄电池的作用

汽车蓄电池又称为二次电池,是一种将电能以化学能的形式储存,并可将化学能转化为电能的装置,其主要作用有:

①启动发动机时,向启动系统、点火系统以及收音机、点烟器及常用灯光等供电。蓄电池必须能够满足启动发动机的需要,即在短时间内(5~10 s),可供给起动机以强大的电流(一般汽油机为 200~800 A,有些柴油机可达 1 500 A)。

②当发动机低速运转,发电机电压低于蓄电池的充电电压时,由蓄电池向用电设备供电。

③储蓄电能,当发动机中、高速运转,发电机电压高于蓄电池的充电电压时,蓄电池将发电机的剩余电能储存起来。

④当发电机过载时,蓄电池协助发电机向用电设备供电。

⑤电容器功能,蓄电池可以吸收电路中的瞬时电压,保持汽车电气系统电压的稳定,保护电子元件。

(2)蓄电池的类型

目前燃油汽车上使用的蓄电池主要有两大类:铅酸蓄电池(以下简称铅蓄电池)和镍碱蓄电池。铅蓄电池由于结构简单、价格便宜、内阻小,可以短时间供给起动机强大的启动电流而被广泛采用。铅蓄电池又可分为普通铅蓄电池、干荷电铅蓄电池、湿荷电铅蓄电池和免维护铅蓄电池,见表 2.1。

表 2.1　铅蓄电池分类

类　型	特　点
普通铅蓄电池	新蓄电池的极板不带电,使用前需按规定加注电解液并进行初充电,初充电的时间较长,使用中需要定期维护
干荷电铅蓄电池	新蓄电池的极板处于干燥的已充电状态,电池内部无电解液。在规定的保存期内,如需使用,只需按规定加入电解液,静置 20~30 min 即可使用,使用中需要定期维护
湿荷电铅蓄电池	新蓄电池的极板处于已充电状态,蓄电池内部带有少量电解液。在规定的保存期内,如需使用,只需按规定加入电解液,静置 20~30 min 即可使用,使用中需要定期维护
免维护铅蓄电池	使用中不需维护,可用 3~4 年不需补加蒸馏水,极桩腐蚀极少,自放电少

(3)蓄电池的结构

汽车启动型铅酸蓄电池由 3 只或 6 只单格电池串联而成,每只单格电池电压约为 2 V,串联成 6 V 或 12 V 以供汽车选用,如图 2.2 所示,它主要由正负极板、隔板、电解液、外壳和极柱等组成。

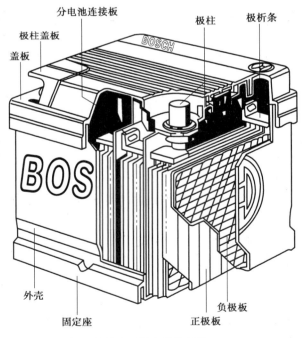

图 2.2　蓄电池的结构

1)极板

极板是蓄电池的核心部分,蓄电池充放电的过程中,电能与化学能的相互转换依靠极板上的活性物质与电解液中的硫酸的化学反应来实现。极板分正、负极板两种。它由栅架和活性物质组成。

栅架用于容纳活性物质,并使极板成型,一般由铅锑合金浇铸而成,如图 2.3 所示。铅锑合金中,一般加入 6%~8.5% 的锑,以提高栅架的机械强度并改善其浇注性能。铅锑会加速氢的析出而使电解液的消耗加剧,甚至会引起蓄电池自放电和栅架的膨胀、溃烂,缩短蓄电池使用寿命。因此,栅架正逐渐向低锑,甚至无锑的铅钙合金发展。

活性物质是极板上的工作物质,为充放电过程提供不可缺少的离子。正极板上的活性物质为深棕色的二氧化铅(PbO_2),负极板上的活性物质为青灰色的海绵状纯铅(Pb)。将一片正极板和一片负极板浸入电解液中,可得到 2.1 V 左右的电动势。为增大蓄电池容量,常将多片正负极板分别并联,用横板焊接成正负极板组。安装时,正负极板组相互嵌合安装,中间插入隔板后装入蓄电池单格内,便形成了单格电池。

在每个单电池中,正极板数要比负极板数少一片,这样每片正极板都处于负极板之间,可使正极板两侧放电均匀,避免因放电不均匀造成极板拱曲。

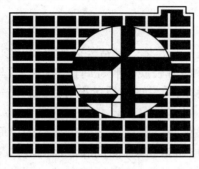

图 2.3　栅架

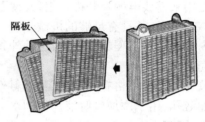

图 2.4　隔板

2)隔板

为了使蓄电池的结构尽量紧凑,正负极板应尽可能地接近,但为了避免其互相接触而造成短路,必须采用隔板加以绝缘,如图 2.4 所示。

由于电化学反应在液体中进行,有离子迁移运动,为使电解液渗透,隔板应具有多孔性和良好的耐酸性。故一般采用微孔塑料、微孔橡胶、木质材料、玻璃纤维等材料。近年来,还将微孔塑料隔板做成袋状,紧包在正极板的外部,防止活性物质的脱落。

3)电解液

电解液一般由密度为 1.84 g/cm^3 的专用硫酸和蒸馏水按一定比例配制而成,它是蓄电池发生化学反应的主要物质,为电化学反应提供必要的离子。电解液的配制应严格选用《蓄电池用硫酸》(GB 4554—1984)标准规定的二级专用硫酸和蒸馏水。且配置时,一定要把浓硫酸缓慢倒入蒸馏水中,并不断搅拌。

电解液的密度一般为 1.24~1.33 g/cm^3,电解液密度过低,冬季易结冰;电解液密度过大,电解液黏度增加,蓄电池的内阻增加,而加速隔板、极板的腐蚀,使其使用寿命缩短,故应根据本地区气候条件和制造厂的要求合理选用。

表 2.2 为不同地区和气温下的电解液密度推荐值。

表 2.2　不同地区和气温下的电解液密度推荐值

冬季气候条件	完全充足电的蓄电池 25 ℃时电解液的密度	
	冬　季	夏　季
温度低于-40 ℃地区	1.30	1.26
温度高于-40 ℃地区	1.28	1.25
温度高于-30 ℃地区	1.27	1.24
温度高于-20 ℃地区	1.26	1.23
温度高于 0 ℃地区	1.24	1.23

注:铅酸蓄电池的电解液是一种强酸,对人的皮肤、眼睛有一定的危害,一旦接触后应立即
　　用大量清水清洗,严重时应及时到医院诊治。

4)外壳

外壳用来盛放电解液和极板组,并使蓄电池构成一个整体。制造外壳的材料必须能耐酸、耐温、耐寒、抗震,并具有足够的机械强度。常用的材料有硬质橡胶、沥青塑料和工程塑料等。现在国内普遍采用工程塑料外壳,这种外壳美观透明、耐酸、抗蚀、质量小、强度高,是一种比较好的外壳材料。

橡胶外壳的各单格有一个小盖,塑料外壳采用整体盖。普通蓄电池每单格的中间有一个电解液加液孔,用于添加电解液和蒸馏水,以及测量电解液密度、温度和液面高度。平时拧装一个螺塞,螺塞上有一个通气小孔,蓄电池使用时应保持其畅通,以便随时排出蓄电池内化学反应放出的氢气(H_2)和氧气(O_2),防止外壳胀裂和发生事故,如图 2.5 所示。

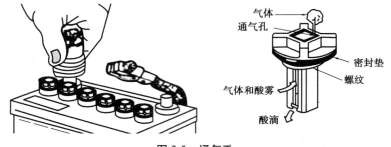

图 2.5　通气孔

5)联条

为提高蓄电池的供电电压,用联条将各单格电池串联连接,一个单格电池的正极桩与相邻单格电池的负极桩采用联条焊接。联条连接方式通常有外露式、内部穿壁式或跨接式(电池内部)等,如图 2.6 所示。

为减少蓄电池内阻和质量,现代蓄电池上采用单格电池直接联条。各个单格电池的极板连接条通过单格电池间壁以最短的距离相互连接,这样可减少外部影响造成短路的危险。

6)极柱

极柱的作用是将蓄电池的电压引出,第一个单格电池的正极板联条与正极柱相连,最后一

个单格电池的负极板联条与负极柱相连。极柱有锥形、侧置式和 L 形等。为便于识别，极桩的上方或旁边标刻有"+"（或 P）、"−"（或 N）标记，或者在正极桩上涂红色油漆，如图 2.7 所示。

（a）传统外露式　　　（b）穿壁式　　　（c）跨接式

图 2.6　联条

图 2.7　极柱

（4）蓄电池的工作原理

蓄电池的工作原理是化学能和电能的相互转化。它分为充电和放电两个过程。当铅蓄电池接通外电路负载放电时，正极板上的 PbO_2 和负极板上的 Pb 都变成了 $PbSO_4$，电解液中的硫酸变成了水。充电时，正极板上的 $PbSO_4$ 分别恢复成原来的 PbO_2 和 Pb，电解液中的水变成了硫酸。总的反应方程式为：

$$PbO_2 + 2H_2SO_4 + Pb \underset{充电}{\overset{放电}{\rightleftharpoons}} 2PbSO_4 + 2H_2O$$

蓄电池在充放电过程中的化学反应是可逆的。在接通用电设备时，蓄电池作为电源向外供电，将内部的化学能转变为电能。当蓄电不足而又将蓄电池与其他具有适当电压的直流电源并联时，又能向蓄电池充电。在正常使用条件下，国产蓄电池的充放电循环寿命为 250～500 次。

（5）蓄电池的型号

蓄电池的型号一般都标注在外壳上，由 3 部分组成，如图 2.8 所示。

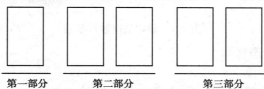

第一部分　　　第二部分　　　第三部分

图 2.8　蓄电池的型号

第一部分为串联的单格电池数，用阿拉伯数字表示。

第二部分表示蓄电池用途、结构特征代码，用大写字母表示。

蓄电池用途：如 Q 表示汽车用蓄电池，M 表示摩托车用蓄电池。

蓄电池结构特征代码：如 A 表示干荷电；W 表示免维护；S 表示少维护；普通蓄电池不标注。

第三部分表示标准规定的额定容量，单位是 A·h。

例如，6-QA-100 表示蓄电池由 6 个单格组成，额定电压为 12 V，额定容量为 100 A·h，用于启动发动机的蓄电池。

2.1.2 蓄电池的维护与检查

(1)蓄电池的外观检查

1)极桩检查

打开发动机舱盖和蓄电池盖,检查正负极桩接线是否牢固,如有松动现象,应及时用 10 mm扳手进行紧固。

检查蓄电池极桩上是否存在氧化物,如发现有氧化物,可断开接线后,用刷子清洗或用热水冲洗(注意勿弄湿相关线路),冲洗后可在接头外部涂润滑脂以防止进一步的腐蚀。如有必要,可将蓄电池拆下,进行彻底清洁。

2)蓄电池表面检查

检查蓄电池表面是否留有水分或电解液,如有应用干布擦拭干净。

检查蓄电池表面是否有裂纹,如发现裂纹可用蓄电池专用胶水进行封补。

3)蓄电池安装情况检查

用手晃动蓄电池,看其是否安装牢固,若有松动,应将卡板拧紧至能够保持蓄电池固定在其位置上,切勿过度拧紧,以免损坏蓄电池箱。

4)蓄电池电量指示器

免维护蓄电池在内部装有一只指示荷电状况的相对密度计(比重计)。如果相对密度计顶部的圆点呈绿色,蓄电池荷电充足(大约65%充电);如果圆点呈黑色,蓄电池荷电不足,如果此"眼睛"是透亮的,表示电解液不足,必须更换蓄电池。蓄电池电量指示器,如图2.9所示。

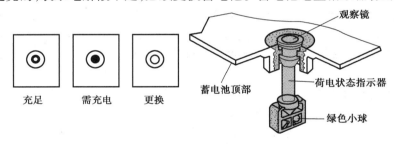

充足　需充电　更换

图2.9　蓄电池电量指示器

(2)蓄电池的技术状态检测

1)蓄电池开路电压检测

为进一步确定蓄电池的技术状况,在蓄电池外观检查和维护后,需检查蓄电池的开路电压,方法如下:

①首先取下负接头("−"标记)上的接地电缆,然后断开蓄电池正极电缆,使其处于开路状态。

②将电压表红表笔接蓄电池正极,黑表笔接蓄电池负极,测量开路电压。如果蓄电池端电压能保持在12.2 V以上,说明蓄电池性能良好。若保持在9~12.2 V,说明蓄电池尚可使用,但存电量不达100%。若小于9.5 V,则说明蓄电池蓄电不足需充电。

2)蓄电池液面高度检测

一般每行驶1 000 km或冬季行驶10~15 d、夏季行驶5~6 d,应检查蓄电池电解液液面高度。橡胶外壳蓄电池电解液液面高度应高出极板10~15 mm,可用玻璃管测量,如图2.10所示。塑料外壳蓄电池呈半透明状,液面应在厂方标明的上下刻线之间,如图2.11所示。当液面过低时,应加注蒸馏水,以恢复正确的液面高度。除非确知电解液溅出,否则不许添加硫酸溶液。

注意:免维护蓄电池不用检查电解液液面高度。

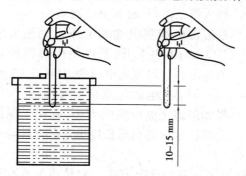

图 2.10 电解液液面检查方法

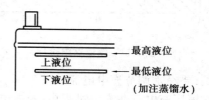

图 2.11 透明壳体液位检查

3)蓄电池电解液密度检测

电解液密度的大小是判断蓄电池容量的重要标志。测量蓄电池电解液密度时,蓄电池应处于稳定状态。蓄电池充、放电或加注蒸馏水后,应静置 30 min 后再测量。汽车用铅酸蓄电池的电解液密度为 $1.24 \sim 1.30 \ \mathrm{g/cm^3}$。检测方法,如图 2.12 所示。电解液相对密度与蓄电关系,见表 2.3。

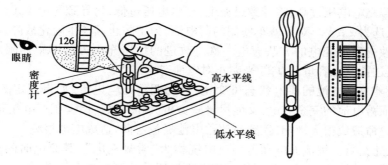

图 2.12 检测方法

表 2.3 电解液相对密度与蓄电关系

蓄电状态/%	100	75	50	25	0
电解液相对密度/$(\mathrm{g \cdot cm^{-3}})$	1.27	1.23	1.19	1.15	1.11

注:免维护蓄电池不用检查电解液液面高度。

4)蓄电池的充电

对于新用的蓄电池或修复的蓄电池,在使用前必须进行初次充电;使用中的蓄电池也要进行补充充电;特别是汽车充电系统发生故障,在存放期中的每半年也要进行一次充放电。

①恒流充电。在充电过程中,充电电流保持不变(通过调整电压,保证电流不变)的充电方法。恒流充电广泛用于初充电、补充充电和去硫化充电等。

为缩短充电时间,充电过程通常分为两个阶段:第一阶段采用较大的充电电流(额定容量

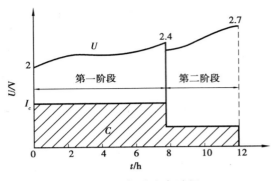

图 2.13　恒流充电过程

的 1/10~1/8 安培电流），使蓄电池的容量得到迅速恢复，当蓄电池电量基本充足，单格电池电压达到 2.4 V，开始电解水产生气泡时，转入第二阶段，将充电电流减小一半，直到电解液密度和蓄电池端电压达到最大值且在 2~3 h 内不再上升、蓄电池内部剧烈冒出气泡时为止。恒流充电过程，如图 2.13 所示。

恒流充电的优点是适应性强，可任意选择和调整充电电流的大小，有利于保持蓄电池的技术性能和延长使用寿命。缺点是充电时间长，要经常调节充电电流。

②恒压充电。在充电过程中，充电电压保持恒定不变的充电方法。它是蓄电池在汽车上由发电机对其充电的方法，在恒压充电初期，充电电流较大，充电 4~5 h 后即可达到额定容量的 90%~95%，因而充电时间较短，充电电流会随着电动势的上升，而逐渐减小到零，使充电自动停止，不必人工调整和照管。在充电过程中，充电电流大小不能调整，所以不能保证蓄电池彻底充足电，也不能用于初充电和去硫化充电。

而在使用充电机对蓄电池进行恒压充电时宜采用改进的恒压充电方法，即采用限制最大电流，使电流上限不超过蓄电池容量的 0.25，来防止对电池造成损害。

充电时，若充电电压过高，将导致过充电；充电电压过低，将导致充电不足。所以一般单格电池充电电压选为 2.5 V。对于就车使用的蓄电池，为了防止其产生硫化故障，必须定期（每两个月）拆下用改进恒流充电的方法充电一次。改进的恒压充电方法即采用限制最大电流，使电流上限不超过蓄电池容量的 0.25 来防止对电池造成损害。

其优点是随着蓄电池的荷电状态可变化，自动调整充电电流，如果规定的电压恒定值适宜，就既能保证蓄电池的完全充电，又能尽量减少析气和失水。但恒压充电在充电初期电流过大，对蓄电池寿命造成很大影响，且容易使蓄电池极板弯曲，造成电池报废。

③脉冲快速充电。恒流充电和恒压充电统称为"常规充电"，其充电时间过长，给使用带来不便，故采用脉冲快速充电。脉冲快速充电必须用脉冲快速充电机进行。

脉冲快速充电的过程：先用 0.8~1 倍额定容量的大电流进行恒流充电，使蓄电池在短时间内充至额定容量的 50%~60%。当单格电池电压升至 2.4 V、开始冒气泡时，由充电机的控制电路自动控制，开始脉冲快速充电，首先停止充电 25 ms（称为前停充），再放电或反向充电，使蓄电池反向通过一个较大的脉冲电流（脉冲深度一般为充电电流的 1.5~3 倍，脉冲宽度为 150~1 000 μs），然后再停止充电 40 ms（称为后停充），而后按着正脉冲充电→前停充→负脉冲瞬间放电→后停充→正脉冲充电……循环进行，直至充足电为止。

脉冲快速充电的优点是充电时间可大大缩短（新蓄电池充电仅需 5 h，补充充电需 1 h）。但蓄电池的寿命有一定的影响，并且脉冲快速充电机结构复杂、价格昂贵，故适用于电池集中、充电频繁、要求应急的场合。

【实训指导】

（1）任务描述

应急跨接启动。

（2）**操作指引**

1）组织方式

①场地设施：举升机 1 台。

②设备设施：自动挡捷达轿车。

③工量具：汽车拆卸工具、跨接电缆等。

④耗材：棉纱、防护套等。

2）操作要点

①穿戴干净整洁的工作服。

②遵守场地安全规定，注意用电安全。

③正确使用拆装工具、数字万用表、测量仪器等工具。

（3）**任务实施及工单**

<table>
<tr><td colspan="6" align="center">应急跨接启动</td></tr>
<tr><td>学生姓名</td><td></td><td align="center">学号</td><td></td><td align="center">日期</td><td></td></tr>
<tr><td>实训场地</td><td colspan="3"></td><td>课时</td><td></td></tr>
</table>

（1）车辆基本信息

车型		年份		制造商	
实训车号		VIN 码			
燃油		蓄电池电压		里程	
机油数量		制动液数量		其余油液数量	

（2）计划与决策

1）本次任务：确定应急跨接启动方案。

2）根据任务要求，确定所需要的技术资料，并对小组成员进行合理分工。

①本次任务所需要的技术资料。

②本次任务所需要的检测仪器及常用工具。

③完成本次任务的安全注意事项。

④小组成员分工及小组成员具体任务分配。

姓　名	任务分配内容	备　注

⑤小组的讨论结果。

(3)实施
①被援助车辆的蓄电池电压为（　　　）。
②援助车辆的蓄电池电压为（　　　）。
③取红色的跨接电缆,一端连接于正常电瓶的（　　　）,另一端连接于待启动车的（　　　）。
④取黑色的跨接电缆,一端连接于正常电瓶的（　　　）,另一端连接于待启动车的（　　　）。
⑤启动援助车辆。
⑥启动被援助车辆。
⑦被援助车辆启动后,立即断开跨接线。先从被援助车辆拆下（　　　）上的跨接电缆一端,然后拆下援助车辆蓄电池负极上的跨接电缆一端,最后拆下两蓄电池（　　　）的跨接电源。

(4)检查
试车,援助车辆的蓄电池电压_____。

(5)总结

（4）**任务评分**

评分点	评分标准	配分/分	扣分/分
测试准备	①初次未进行简单、全面检查(目视)而直接启动发动机的,包括蓄电池电压、冷却液、制动液、润滑油,每项扣1分 ②未安装挡块、尾气抽排设备、翼子板布、座套、转向盘套的,每项扣1分 ③驾驶员侧车窗玻璃未降落的,扣1分 合计不超过10分	10	

续表

评分点	评分标准	配分/分	扣分/分
人物安全	①初次启动发动机,未请示老师而直接启动发动机的,扣 3 分 ②未警示同伴而直接启动发动机的,每次扣 2 分 合计不超过 5 分	5	
设备使用	①工具、仪器、仪表和测试设备选择不合理的,每次扣 1 分 ②未做好工具、仪器、仪表和测试设备准备工作而直接进行测试的,每次扣 1 分 ③未正确连接仪器、仪表和测试设备到车辆的,每次扣 1 分 ④未正确操作车辆到测试条件而直接进行测试的,每次扣 1 分 ⑤测试设备操作不正确而没有读取出诊断信息的,每次扣 1 分 ⑥每次测试完成后,测试设备未合理归位的,每次扣 1 分 合计不超过 20 分	20	
交流	①测试目的不明确的,每次扣 1 分 ②诊断结论不正确的,每次扣 2 分 合计不超过 10 分	10	
操作规范	①拆卸下的零部件未正确码放的,每次扣 0.5 分 ②测试完成后未正确恢复车辆的,每次扣 1 分 ③操作过程中,不符合相应操作规范的,每次扣 1 分 ④操作过程中对测试设备和车辆可能构成损坏而被老师制止的,每次扣 2 分 合计不超过 20 分	20	
团队协作	①出现队员闲置超过 3 min,每次扣 1 分 ②出现肢体碰撞的,每次扣 1 分 ③出现现场混乱的,扣 1 分 合计不超过 5 分	5	
现场整洁	①地面或工作台不洁的,扣 1 分 ②工具设备摆放凌乱的,扣 1 分 ③工具丢失或脱落的,扣 3 分 合计不超过 3 分	3	
环保意识	启动车辆未连接尾气排放装置的,扣 2 分	2	
报告	①未准确描述故障现象的,扣 3 分 ②诊断思路有问题的,扣 10 分 ③诊断结论错误的,扣 12 分 合计不超过 25 分	25	
合计		100	

【实训指导】

(1)任务描述

全车无电故障检测。

（2）**操作指引**

1）组织方式

①场地设施：举升机 1 台。

②设备设施：自动挡捷达轿车。

③工量具：X431、示波器、汽车拆卸工具、数字万用表等。

④耗材：棉纱、防护套等。

2）操作要点

①穿戴干净整洁的工作服。

②遵守场地安全规定，注意用电安全。

③正确使用拆装工具、数字万用表、测量仪器等工具。

（3）**任务实施及工单**

全车无电故障检测					
学生姓名		学号		日期	
实训场地				课时	

（1）车辆基本信息

车型		年份		制造商	
实训车号		VIN 码			
燃油		蓄电池电压		里程	
机油数量		制动液数量		其余油液数量	

（2）计划与决策

1）本次任务：确定全车无电故障检测维修方案。

2）根据任务要求，确定所需要的技术资料，并对小组成员进行合理分工。

①本次任务所需要的技术资料。

②本次任务所需要的检测仪器及常用工具。

③完成本次任务的安全注意事项。

④小组成员分工及小组成员具体任务分配。

姓　名	任务分配内容	备　注

⑤小组的讨论结果。

（3）实施
①全车无电的故障检修方案。

②对检查结果进行分析、判断,得出结论。
故障点＿＿＿＿＿＿＿＿＿＿;故障原因＿＿＿＿＿＿＿＿＿＿;结论＿＿＿＿＿＿＿＿＿＿。

（4）检查
试车,故障＿＿＿＿＿＿＿＿＿＿。（未排除/已排除）

（5）总结

（4）任务评分

评分点	评分标准	配分/分	扣分/分
测试准备	①初次未进行简单、全面检查(目视)而直接启动发动机的,包括蓄电池电压、冷却液、制动液、润滑油,每项扣1分 ②未安装挡块、尾气抽排设备、翼子板布、座套、转向盘套的,每项扣1分 ③驾驶员侧车窗玻璃未降落的,扣1分 合计不超过10分	10	

续表

评分点	评分标准	配分/分	扣分/分
人物安全	①初次启动发动机,未请示老师而直接启动发动机的,扣3分 ②未警示同伴而直接启动发动机的,每次扣2分 合计不超过5分	5	
设备使用	①工具、仪器、仪表和测试设备选择不合理的,每次扣1分 ②未做好工具、仪器、仪表和测试设备准备工作而直接进行测试的,每次扣1分 ③未正确连接仪器、仪表和测试设备到车辆的,每次扣1分 ④未正确操作车辆到测试条件而直接进行测试的,每次扣1分 ⑤测试设备操作不正确而没有读取出诊断信息的,每次扣1分 ⑥每次测试完成后,测试设备未合理归位的,每次扣1分 合计不超过20分	20	
交流	①测试目的不明确的,每次扣1分 ②诊断结论不正确的,每次扣2分 合计不超过10分	10	
操作规范	①拆卸下的零部件未正确码放的,每次扣0.5分 ②测试完成后未正确恢复车辆的,每次扣1分 ③操作过程中,不符合相应操作规范的,每次扣1分 ④操作过程中对测试设备和车辆可能构成损坏而被老师制止的,每次扣2分 合计不超过20分	20	
团队协作	①出现队员闲置超过3 min,每次扣1分 ②出现肢体碰撞的,每次扣1分 ③出现现场混乱的,扣1分 合计不超过5分	5	
现场整洁	①地面或工作台不洁的,扣1分 ②工具设备摆放凌乱的,扣1分 ③工具丢失或脱落的,扣3分 合计不超过3分	3	
环保意识	启动车辆未连接尾气排放装置的,扣2分	2	
报告	①未准确描述故障现象的,扣3分 ②诊断思路有问题的,扣10分 ③诊断结论错误的,扣12分 合计不超过25分	25	
合计		100	

任务 2.2 发电机故障检修

【知识目标】
- 了解发电机的作用及类型；
- 熟悉发电机的组成和工作原理。

【能力目标】
- 能够拆装、检测与诊断发电机；
- 掌握电源系统常见故障的诊断方法。

【相关知识】

2.2.1 交流发电机概述

（1）交流发电机的作用

交流发电机的作用是当发动机所需电压高于蓄电池电压时，能及时向蓄电池充电，并向全车除起动机外的所有用电设备直接供电。发电机是汽车上的主要电源，它与蓄电池并联，由汽车发动机驱动，如图 2.14 所示。

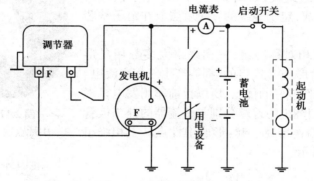

图 2.14 充电系统简图

〔2〕交流发电机的构成

普通硅整流发电机主要由三相同步交流发电机和六只二极管组成的三相桥式全波整流器两大部分组成。交流发电机主要有转子、定子、整流器、前后端盖和电刷总成、皮带轮、风扇、电压调节器等部件，如图 2.15 所示。

1）转子

转子是交流发电机的磁场部分，通电产生磁场。转子由转子轴、励磁绕组、两块爪形磁极、集电环等组成，如图 2.16 所示。

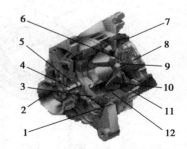

图 2.15 发电机的总体结构

1—前端盖；2—皮带轮；3—风扇；
4—转子轴；5—轴承；6—电刷；7—后罩盖；
8—调节器；9—集流环；10—转子总成；
11—后端盖；12—定子总成

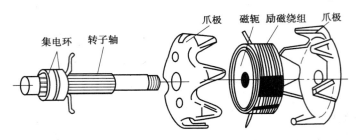

图 2.16 转子

转子轴上压装着两块爪极,两块爪极各有 6 个由低碳钢制成的鸟形磁极,空腔内装有磁轭(也称为铁芯),用于导磁。磁轭上绕有磁场绕组(又称为磁场绕组或转子线圈),磁场绕组的两根引线分别焊在与转子轴绝缘的两滑环上。滑环由两个彼此绝缘的铜环组成,它与装在后端盖上的两个电刷相接触,两个电刷通过引线分别接在两个螺钉接线柱上,即"F"和"−"上。

当两滑环通入直流电时(通过电刷),磁场绕组中就有电流通过,并产生轴向磁通,使得爪极一块被磁化为 N 极,另一块被磁化为 S 极,从而形成六对相互交错的磁极。当转子转动时,就形成了旋转的磁场。

2)定子

定子也称为电枢,其作用是产生感应电动势。定子主要由定子铁芯和定子绕组组成,如图 2.17 所示。定子铁芯由内圈带槽的硅钢片叠成,定子绕组的导线就嵌放在定子铁芯的槽中。

定子槽内置有三相对称绕组,三相绕组大多数用星形(Y)连接,也有用三角形(△)连接的,都能产生三相交流电。星形连接有低速发电性能好的优点,所以目前车用发电机多采用星形连接,即每相绕组的首端分别与整流器的硅二极管相连,每相绕组的尾端连接在一起,形成中性点。三相绕组连接方法如图 2.18 所示。

图 2.17 定子的结构

1—中性点;2,3,4—定子绕组端子

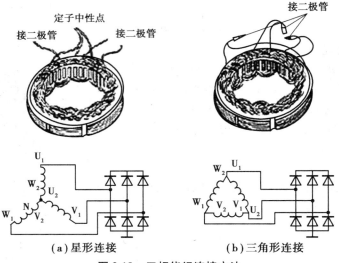

(a)星形连接   (b)三角形连接

图 2.18 三相绕组连接方法

3) 整流器

交流发电机整流器的作用是将定子绕组产生的三相交流电整流成为直流电。

交流发电机整流器是由 6 只硅整流二极管组成三相全波桥式整流电路,6 只整流管分别压装(或焊装)在两块板上,如图 2.19 所示。

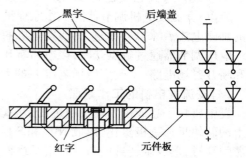

图 2.19　整流器

安装二极管的散热板称为整流板(也称为元件板),通常用合金制成以利散热。现代汽车用交流发电机都有两块整流板,安装 3 只正极管子的整流板(装在外侧)称为正整流板,安装 3 只负极管子的整流板(装在内侧)称为负整流板。两块板子绝缘地安装在一起,它与后端盖用尼龙或其他绝缘材料制成的垫片隔开且固定在后端盖上。

4) 前后端盖和电刷总成

端盖一般分为前端盖和后端盖两部分,起固定转子、定子、整流器和电刷组件的作用。端盖一般用铝合金铸造,一是可以有效地防止漏磁,二是铝合金散热性能好,而且能够减轻发电机的质量。

前端盖铸有支脚、调整臂和出风口。后端盖上铸有支脚和进风口,而且还装有电刷总成。

电刷总成由电刷、电刷架和电刷弹簧组成。电刷的作用是将电源通过滑环引入磁场绕组,由石墨制成。电刷架内装电刷和弹簧,利用弹簧的弹力与滑环紧密接触,多采用酚醛玻璃纤维塑料模压而成或用玻璃纤维增强尼龙制成。

5) 皮带轮

皮带轮通常用铸铁或铝合金制成,也有用薄钢板卷压而成的,分为单槽、双槽和多楔形槽 3 种,利用半圆键装在风扇外侧的转轴上,再用弹簧垫片和螺母紧固,如图 2.20 所示。

6) 风扇

为保证发电机在工作时不致因温升过高而损坏,在发电机上装有风扇。一般用钢板冲制而成或用铝合金压铸而成。

对于只有一个风扇的发电机,其风扇均装在前端盖和皮带轮之间。

图 2.20　皮带轮

7) 电压调节器

电压调节器是把发电机输出电压控制在规定范围内的调节装置。其功用是在发电机转速和发电机上的负载发生变化时自动控制发电机电压,使其保持恒定,防止发电机电压过高而烧坏用电设备和导致蓄电池过量充电,同时也防止发电机电压过低而导致用电设备工作失常和蓄电池充电不足。

交流发电机的输出电压正比于交流发电机的感应电动势,即

$$U \propto E_\phi = C_e n\phi \propto C_e n I_f$$

当转速升高时,E_ϕ增大,输出端电压U升高;当转速升高到一定值时(空载转速以上),输出端电压达到极限,要想使发电机的输出电压U不再随转速的升高而上升,只能通过减小磁通ϕ来实现。又因磁极磁通ϕ与励磁电流I_f成正比,减小磁通ϕ也就是减小励磁电流I_f。

所以,交流发电机调节器的工作原理是当交流发电机的转速升高时,调节器通过减小发电机的励磁电流I_f来减小磁通ϕ,使发电机的输出电压U保持不变。

电压调节器通过触点开闭,接通和断开磁场电路,或利用大功率三极管的导通和截止,接通和断开磁场电路,来改变磁场电流I_f的大小。

(3)交流发电机的工作原理

发电机转子总成由发动机通过皮带驱动旋转,磁场绕组中有电流通过,产生磁场,使转子轴上的两块爪形磁极磁化,形成 N 极和 S 极,如图 2.21 所示。当转子旋转时磁极在定子总成铁芯间穿过,形成旋转磁场与三相定子绕组产生相对运动,三相定子绕组中产生三相交流电动势,相互间频率相同、幅值相等、相位互差 120°(电角度),如图 2.22 所示。三相交流电动势经由 6 个硅二极管组成的桥式整流电路整流后变成直流电通过电枢接柱向外输出。

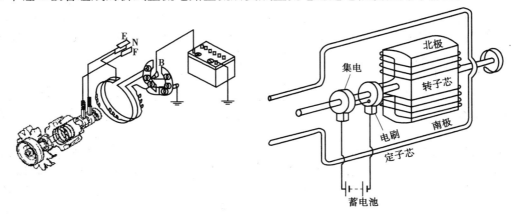

图 2.21　磁铁在线圈中旋转

将交流电变为直流电的整流原理,如图 2.23 所示。

3 个二极管 VD_1、VD_3、VD_5 组成共正极组接法,3 个二极管 VD_2、VD_4、VD_6 组成共负极组接法。每个时刻有两个二极管同时导通,其中一个在共阴极组,另一个在共阳极组,同时导通的两个管子总是将发电机的电压加在负荷两端。

当 $t=0$ 时,C 相电位最高,而 B 相电位最低,所对应的二极管 VD_5、VD_4 均处于正向导通。电流从绕组 C 出发,经 VD_5→负载 R_L→VD_4→绕组 B 构成回路。由于二极管的内阻很小,因而此时发电机的输出电压可视为 B、C 绕组之间的线电压。

在 $t_1 \sim t_2$ 时间内,A 相的电位最高,而 B 相的电位最低,故对应 VD_1、VD_4 处于正向导通。同理,交流发动机的输出电压可视为 A、B 绕组之间的线电压。

在 $t_2 \sim t_3$ 时间内,A 相的电位最高,而 C 相的电位最低,故 VD_1、VD_6 处于正向导通。同理,交流发动机的输出电压可视为 A、C 绕组之间的线电压。

以此类推,周而复始,在负载上便可获得一个比较平稳的直流脉动电压。

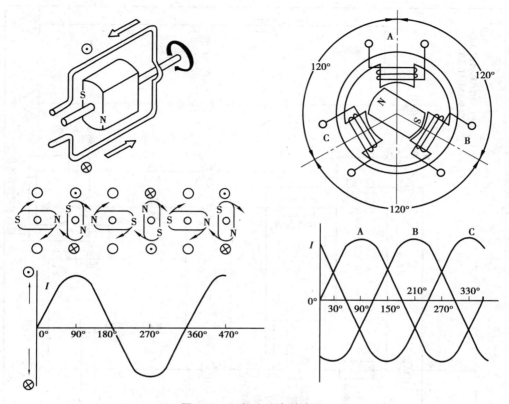

图 2.22　三相交流电的产生

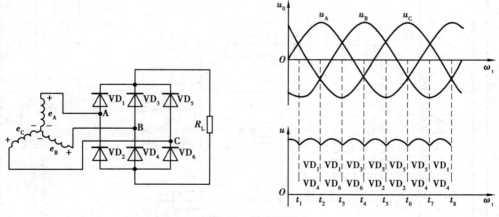

图 2.23　整流原理

2.2.2　电源系统电路分析

以 BYD F3 为例,分析电源系统电路,如图 2.24 所示。

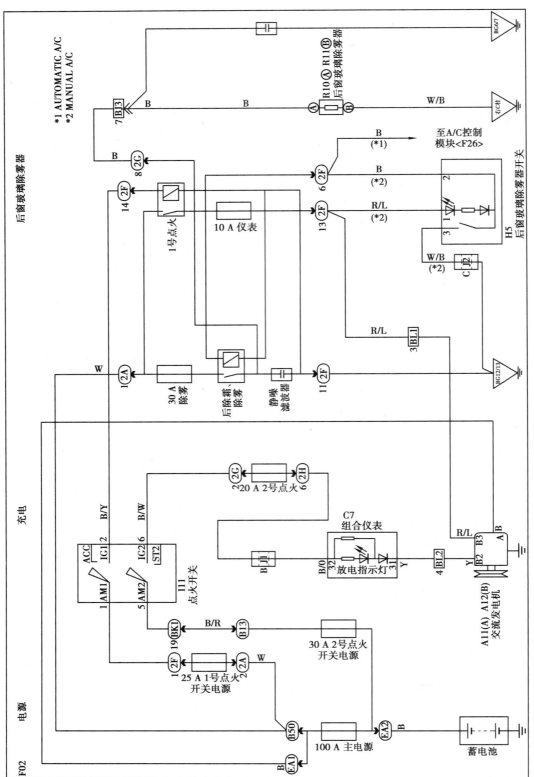

图2.24 电源系统电路

（1）放电警告灯及发电机磁场绕组线路

蓄电池正极端子→2 号点火保险丝→点火开关→保险丝-放电警告灯（发光二极管）→发电机的磁场绕组 B_2→电子调节器功率管→搭铁→蓄电池负极。

（2）蓄电池充电线路

蓄电池正极端子→100 号主电源保险丝→发电机的磁场绕组 A→电子调节器功率管→搭铁→蓄电池负极。

（3）用电设备供电线路

发电机的磁场绕组 B_3→用电设备。

【实训指导】

（1）任务描述

汽车充电指示灯不亮。

（2）操作指引

1）组织方式

①场地设施：举升机 1 台。

②设备设施：BYD F3 轿车。

③工量具：X431、示波器、汽车拆卸工具、数字万用表等。

④耗材：棉纱、防护套等。

2）操作要点

①穿戴干净整洁的工作服。

②遵守场地安全规定，注意用电安全。

③正确使用拆装工具、数字万用表、测量仪器等工具。

（3）任务实施及工单

汽车充电指示灯不亮					
学生姓名		学号		日期	
实训场地				课时	
(1) 车辆基本信息					
车型		年份		制造商	
实训车号		VIN 码			
燃油		蓄电池电压		里程	
机油数量		制动液数量		其余油液数量	

（2）计划与决策

1）本次任务：确定汽车充电指示灯不亮维修方案。

2）根据任务要求，确定所需要的技术资料，并对小组成员进行合理分工。

①本次任务所需要的技术资料。

②本次任务所需要的检测仪器及常用工具。

③完成本次任务的安全注意事项。

④小组成员分工及小组成员具体任务分配。

姓　名	任务分配内容	备　注

⑤小组的讨论结果。

（3）实施
①点火开关置于 ON 挡,位于组合仪表中的充电指示灯是否点亮(　　　)。
②打开点火开关,启动发动机,观察仪表上的充电指示灯是否熄灭(　　　)。
③发动机启动前蓄电池电压(　　　),发动机启动后蓄电池电压(　　　)。
④充电指示灯不亮的实施方案。

⑤对检查结果进行分析、判断,得出结论。
故障点＿＿＿＿＿＿＿＿;故障原因＿＿＿＿＿＿＿＿;结论＿＿＿＿＿＿＿。

（4）检查
试车,故障＿＿＿＿＿＿＿＿。（未排除/已排除）

（5）总结

（4）任务评分

评分点	评分标准	配分/分	扣分/分
测试准备	①初次未进行简单、全面检查(目视)而直接启动发动机的,包括蓄电池电压、冷却液、制动液、润滑油,每项扣1分 ②未安装挡块、尾气抽排设备、翼子板布、座套、转向盘套的,每项扣1分 ③驾驶员侧车窗玻璃未降落的,扣1分 合计不超过10分	10	
人物安全	①初次启动发动机,未请示老师而直接启动发动机的,扣3分 ②未警示同伴而直接启动发动机的,每次扣2分 合计不超过5分	5	
设备使用	①工具、仪器、仪表和测试设备选择不合理的,每次扣1分 ②未做好工具、仪器、仪表和测试设备准备工作而直接进行测试的,每次扣1分 ③未正确连接仪器、仪表和测试设备到车辆的,每次扣1分 ④未正确操作车辆到测试条件而直接进行测试的,每次扣1分 ⑤测试设备操作不正确而没有读取出诊断信息的,每次扣1分 ⑥每次测试完成后,测试设备未合理归位的,每次扣1分 合计不超过20分	20	
交流	①测试目的不明确的,每次扣1分 ②诊断结论不正确的,每次扣2分 合计不超过10分	10	
操作规范	①拆卸下的零部件未正确码放的,每次扣0.5分 ②测试完成后未正确恢复车辆的,每次扣1分 ③操作过程中,不符合相应操作规范的,每次扣1分 ④操作过程中对测试设备和车辆可能构成损坏而被老师制止的,每次扣2分 合计不超过20分	20	
团队协作	①出现队员闲置超过3 min,每次扣1分 ②出现肢体碰撞的,每次扣1分 ③出现现场混乱的,扣1分 合计不超过5分	5	
现场整洁	①地面或工作台不洁的,扣1分 ②工具设备摆放凌乱的,扣1分 ③工具丢失或脱落的,扣3分 合计不超过3分	3	
环保意识	启动车辆未连接尾气排放装置的,扣2分	2	
报告	①未准确描述故障现象的,扣3分 ②诊断思路有问题的,扣10分 ③诊断结论错误的,扣12分 合计不超过25分	25	
合计		100	

【知识拓展】

除了永磁式交流发电机不需要励磁以外,其他形式的交流发电机都需要励磁,因为它们的磁场都是电磁场,也就是说,必须给磁场绕组通电才会有磁场产生。所谓励磁,即将电源引入磁场绕组,使之产生磁场。交流发电机励磁有自励和他励两种方式。

(1)**自励**

当发电机有能力对外供电时,就可以把自身发的电供给磁场绕组生磁发电,这种供给磁场电流的方式称为自励。

(2)**他励**

在发动机启动期间,需要蓄电池供给发电机磁场电流生磁使发电机发电,这种供给磁场电流的方式称为他励发电。

项目 **3**
汽车启动系统的检修

学习导航

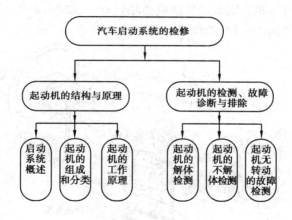

任务 3.1 起动机的结构与原理

【知识目标】
- 了解启动系统的作用及类型；
- 熟悉启动系统的组成、部件结构和工作原理。

【能力目标】
- 能够对起动机主要部件进行拆装；
- 能够认知起动机的主要部件。

【相关知识】

3.1.1 启动系统的概述

(1)启动系统的作用

发动机必须依靠外力带动曲轴旋转后,才能进入正常的工作状态,通常把汽车发动机曲轴在外力作用下,从开始转动到怠速运转的全过程,称为发动机的启动。

启动系统的作用是将蓄电池的电能转化为机械能,产生转动力矩驱动发动机曲轴/飞轮,使发动机由静止状态过渡到工作状态。启动完成后,发动机进入自行循环的工作状态。

电力起动机简称为起动机(俗称马达),均安装在汽车发动机飞轮壳的座孔上,用螺栓紧固。电力起动机启动是由直流电动机通过传动机构将发动机启动,具有操作简单、启动迅速可靠、重复启动能力强等优点。目前,绝大多数汽车都采用电力起动机启动。

(2)启动系统的组成

电力启动系统简称启动系统,由蓄电池、起动机和启动控制电路等组成,如图3.1所示,启动控制电路包括启动开关、启动继电器等。起动机在点火开关或启动按钮控制下,将蓄电池的电能转化为机械能,通过飞轮齿圈带动发动机曲轴转动。为增大转矩,便于启动,起动机与曲轴的传动比:汽油机一般为13~17,柴油机一般为8~10。

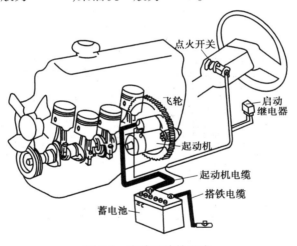

图3.1 启动系统的组成

3.1.2 起动机的组成和分类

(1)起动机的组成

起动机由直流电动机、传动机构和控制机构三大部分组成,如图3.2所示。

1)直流电动机的组成

起动机的直流电动机主要由定子、转子、电刷及端盖、驱动端盖等组成,如图3.3所示。

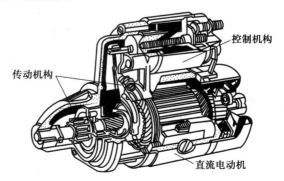

图3.2 起动机的组成

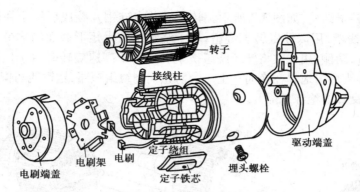

图 3.3　起动机的直流电动机结构

①定子。也称为磁极,其作用是产生磁场,分励磁式和永磁式两类。为增大转矩,汽车起动机通常采用 4 个磁极,两对磁极相对交错安装,定子与转子铁芯形成的磁力线回路如图 3.4 所示,低碳钢板制成的机壳是磁路的一部分。

励磁式电动机定子铁芯为低碳钢,铁芯磁场要靠绕在外面的励磁绕组通电建立。为使电动机磁通能按设计要求分布,将铁芯制成如图 3.5 所示的形状,并用埋头螺栓紧固在机壳上。励磁绕组由扁铜带(矩形截面)绕制而成,其匝数一般为 6~10 匝;铜带之间用绝缘纸绝缘,并用白布带以半叠包扎法包好后浸上绝缘漆烘干而成。采用

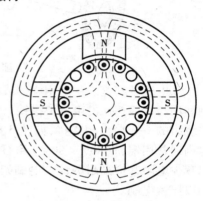

图 3.4　电动机磁路

励磁式定子的电动机,其励磁绕组与转子串联连接,故称串励式电动机。

永磁式电动机不需要电磁绕组,可节省材料,而且能使电动机磁极的径向尺寸减小;在输出特性相同的情况下其质量比励磁定子式电动机可减轻 30% 以上。条形永久磁铁可用冷黏接法粘在机壳内壁上或用片状弹簧均匀地固装在起动机机壳内表面上。由于结构尺寸及永磁材料性能限制,永磁起动机的功率一般不大于 2 kW。

②转子。也称为电枢(图 3.6),由电枢轴、铁芯、电枢绕组和换向器等组成。转子的作用是产生电磁转矩。

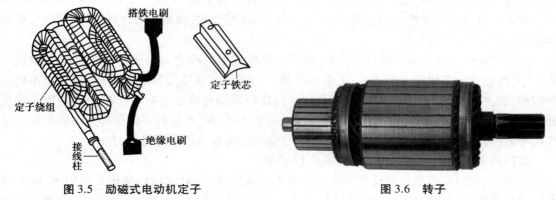

图 3.5　励磁式电动机定子　　　　　　　图 3.6　转子

典型起动机转子结构,如图3.7所示。转子铁芯由硅钢片叠成后固定在转子轴上。铁芯外围均匀地开有线槽,用以放置转子绕组;转子绕组由较大矩形截面的铜带或粗铜线绕制而成。在铁芯线槽口两侧,用轧纹将转子绕组挤紧以免转子高速旋转时由于惯性作用将绕组甩出,转子绕组的端头均匀地焊在换向片上。为防止铜制绕组短路,在铜线与铜线之间及铜线与铁芯之间用性能良好的绝缘纸隔开。

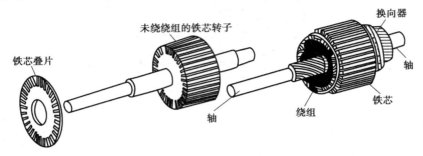

图3.7　典型起动机转子的结构

③电刷及端盖。一般用浇铸或冲压法制成,盖内装有4个电刷架及电刷,其中两只搭铁电刷利用与端盖相通的电刷架搭铁。另外两只电刷的电刷架则与端盖绝缘,绝缘电刷引线与励磁绕组的一个端头相连接,如图3.8所示。起动机电刷通常用铜粉(80%～90%)和石墨粉压制而成,以减少电阻并提高耐磨性。电刷架上有盘形弹簧,用以压紧电刷。

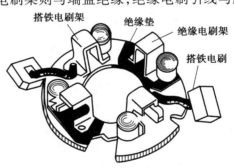

图3.8　起动机用电刷及端盖

④驱动端盖。驱动端盖上有拨叉座和驱动齿轮行程调整螺钉,还有支撑拨叉的轴销孔。为了避免电枢轴弯曲变形,一些起动机上装有中间支撑板。端盖及中间支撑板上的轴承多用青铜石墨轴承或铁基含油轴承。驱动端盖,如图3.9所示。

2)起动机的传动机构

传动机构的作用是把直流电动机产生的转矩传递给飞轮齿圈,再通过飞轮齿圈把转矩传递给发动机的曲轴,使发动机启动;启动后,飞轮齿圈与驱动齿轮自动打滑脱离。传动机构一般由驱动齿轮、单向离合器、拨叉等组成,其工作过程如图3.10所示。

单向离合器是传动机构的主要部件,有滚柱式、摩擦片式、弹簧式等几种类型。其中,最常用的是滚柱式单向离合器。

滚柱式单向离合器的构造如图3.11所示。滚柱式单向离合器的驱动齿轮与外壳制成一体,外壳内装有十字块和4套滚柱、压帽和弹簧。十字块与花键套筒固定连接,传动套筒内侧带键槽,套在电枢轴的花键部位上。滚柱式单向离合器通过改变滚柱在楔槽中的位置来实现分离和接合,以实现起动机驱动发动机,而发动机不能驱动起动机的单向传递动力的作用。滚柱式单向离合器齿轮啮合稳定,且磨损少,为目前汽油机起动机使用最多的类型。

滚柱式单向离合器的工作过程如图3.12所示。

发动机启动时,电枢轴通过花键套筒带动十字块旋转,这时滚柱在摩擦力作用下,滚入楔形槽的窄端将十字块与外壳(驱动齿轮)形成一体,于是将转矩传给了驱动齿轮,带动飞轮齿

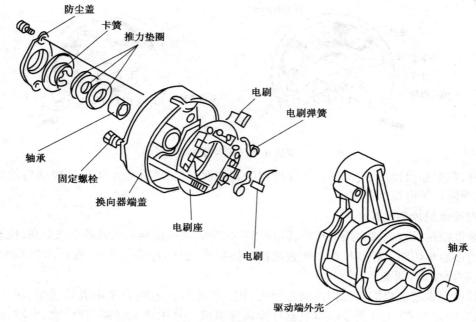

图 3.9 驱动端盖的结构

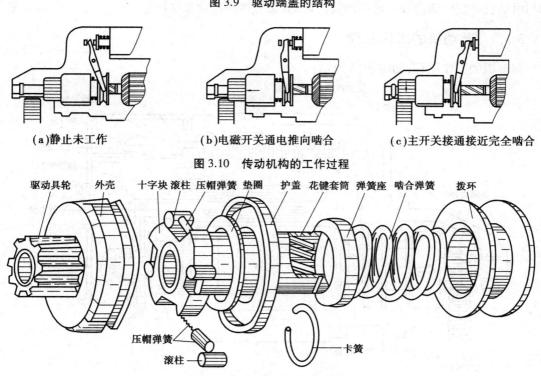

(a)静止未工作　　　(b)电磁开关通电推向啮合　　　(c)主开关接通接近完全啮合

图 3.10 传动机构的工作过程

图 3.11 滚柱式单向离合器的构造

圈转动,启动发动机。

发动机启动后,随着曲轴转速升高,飞轮齿圈将带动驱动齿轮高速旋转。当转速大于十字

57

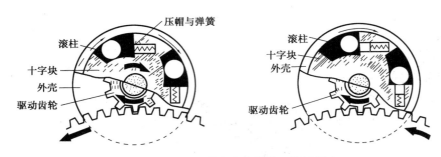

图 3.12　滚柱式单向离合器的工作过程

块转速时,在摩擦力作用下,滚柱滚入楔形销的宽端而打滑,这样转矩不能从驱动齿轮传给电枢轴,从而防止了电枢超速飞散。

3)起动机的控制机构

起动机控制机构也称为操纵机构,其作用是控制驱动齿轮和飞轮的啮合与分离;控制电动机电路的接通与切断。控制机构主要包括机械控制式(也称直接操纵式,现已淘汰)和电磁控制式(电磁操纵式)两类。

电磁控制式起动机控制机构由电磁开关、拨叉等组成。电磁开关由吸拉线圈、保持线圈、活动铁芯、固定铁芯、主开关接触盘及复位弹簧等组成。其中吸拉线圈与电动机串联,保持线圈与电动机并联。活动铁芯可驱动拨叉运动,又可推动接触盘推杆。

3.1.3　起动机的工作原理

起动机的工作原理,如图 3.13 所示。

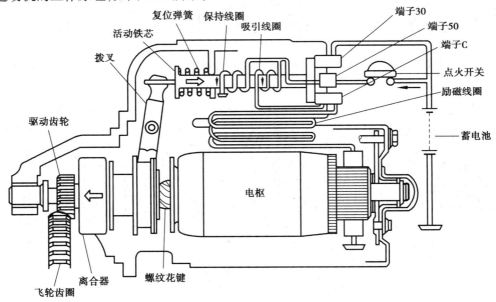

图 3.13　起动机的工作原理

(1)起动机不工作时

驱动齿轮与飞轮齿圈处于脱开位置,电磁开关中的接触盘与主触点分开。

（2）当点火开关置于启动挡时

蓄电池经启动控制电路向起动机的电磁开关通电,其电流回路为:

吸引线圈回路:蓄电池正极→点火开关→端子 50→吸引线圈→端子 C→励磁绕组→电枢绕组→搭铁→蓄电池负极。

保持线圈回路:蓄电池正极→点火开关→端子 50→保持线圈→搭铁→蓄电池负极。

此时,吸引线圈和保持线圈的电流方向相同,由右手螺旋定则判断可知,两线圈产生同方向的磁场,磁化铁芯,使活动铁芯克服回位弹簧的弹力前移,使前端的接触盘与两个主触点接触。与此同时,活动铁芯后端带动拨叉将驱动齿轮推出与发动机的飞轮齿圈啮合。

驱动齿轮与飞轮齿圈完全啮合时,接触盘已经将主触点接通,起动机的主电路接通,此电路电阻极小,电流可达几百安培,电动机产生最大转矩,通过接合状态下的单向离合器传给发动机飞轮。主开关电路接通后,保持线圈的电流回路不变,活动铁芯在保持线圈电磁力的作用下,保持在啮合位置。此时吸引线圈和附加电阻则由于主触点的接通而被短路(两端均为正电位而短路),其电流回路为:蓄电池正极→电磁开关 50 接线柱→吸拉线圈。蓄电池正极→接触盘→吸拉线圈。

同时,蓄电池给电动机的励磁绕组和电枢提供大的启动电流,使电枢轴产生足够的电磁力矩,带动曲轴旋转。

电流方向:蓄电池正极→端子 30→接触盘→端子 C→电枢→搭铁→蓄电池负极;蓄电池正极→点火开关→端子 50→保持线圈→搭铁→负极。

（3）断开点火开关时

断开点火开关时,起动机主电路被切断,此时保持线圈和吸引线圈串联,其电流回路为:蓄电池正极→电动机开关端子 30→接触盘→端子 C→吸引线圈→端子 50→保持线圈→搭铁→蓄电池负极。因此,吸引线圈和保持线圈的电流方向相反,产生反方向的磁场,互相抵消,活动铁芯在回位弹簧的作用下迅速回位,使驱动齿轮与发动机的飞轮齿圈脱开啮合,起动机停止工作,启动完毕。

【实训指导】

（1）任务描述

起动机的拆装。

（2）操作指引

1）组织方式

①实训设备:各型起动机 5 台。

②工量具:121 件套 5 套、螺丝刀等。

③耗材:棉纱、防护套等。

2）操作要点

①穿戴干净整洁的工作服。

②遵守场地安全规定,注意用电安全。

③正确使用拆装工具、数字万用表等工具。

（3）任务实施及工单

起动机的拆装					
学生姓名		学号		日期	
实训场地				课时	

（1）起动机基本信息

代码	
规格	

（2）计划与决策

1）本次任务：起动机的拆装。

2）根据任务要求，确定所需要的技术资料，并对小组成员进行合理分工。

①本次任务所需要的技术资料。

②本次任务所需要的拆解仪器及常用工具。

③完成本次任务的安全注意事项。

④小组成员分工及小组成员具体任务分配。

姓　　名	任务分配内容	备　　注

⑤小组的讨论结果。

（3）实施

1）拆卸磁力起动机开关总成

①拆下螺母,然后从磁力起动机开关总成上断开引线。

②拆卸固定磁力起动机开关总成时,从起动机驱动端壳体总成上拆下 2 个螺母。

③拉出磁力起动机开关总成,并且在提起磁力起动机开关总成前部时,从驱动杆和磁力起动机开关总成上松开铁芯挂钩。

2）拆卸起动机磁轭总成

①拆下 2 颗螺钉。

②将起动机磁轭和起动机换向器端架总成一起拉出。

③从起动机换向器端架总成上拉出起动机磁轭总成。

3）拆卸起动机电枢总成

从起动机磁轭总成上拆下起动机电枢总成。

4）拆卸起动机电枢板

从起动机驱动端壳总成或起动机磁轭总成上拆下电枢板。

5）拆卸起动机电刷架总成

①从起动机换向器端架总成上拆下 2 颗螺钉。

②拆下卡夹和卡爪,然后从起动机换向器端架总成上拆下电刷架总成。

6）拆卸行星齿轮

从起动机中间轴承离合器分总成上拆下 3 个行星齿轮。

7）拆卸起动机中间轴承离合器分总成

①从起动机驱动端壳总成上拆下带起动机小齿轮驱动杆的起动机中间轴承离合器分总成。

②拆下起动机中间轴承离合器分总成、橡胶密封件和起动机小齿轮驱动杆。

（4）零件认知与作用

（5）总结

（4）任务评分

序号	考核项目	评分要素	配分/分	评分标准	检测结果	得分/分	备注
1	时限	拆装时间	10	时限20 min，以备评分参考 合计不超过10分			
2	工具准备	选用所需工具、量具	10	未备齐一项扣1分 合计不超过10分			
3	分解	①拆下端盖 ②拆下电刷和电刷架 ③拆下电磁开关总成 ④拆下驱动齿轮和单向离合器	35	①分解顺序不正确，扣4分 ②拆卸螺栓的方法不正确扣3分 ③不能一次取下电刷和电刷架，扣3分 ④不能取下电磁开关总成，扣3分 ⑤不能取下驱动齿轮和单向离合器，扣3分 ⑥拆卸不熟练扣4分 ⑦不会操作，此项不得分 合计不超过35分			
4	组装	①装入驱动齿轮和单向离合器 ②装入电磁开关总成 ③装入电刷和电刷架 ④装入端盖，按规定紧固螺栓	35	①驱动齿轮和单向离合器安装错误，扣4分 ②电磁开关总成安装错误，扣4分 ③电刷和电刷架安装错误，扣4分 ④紧固螺栓方法及顺序不正确，扣4分 ⑤组装不熟练，扣4分 ⑥不会组装，此项不得分 合计不超过35分			
5	安全文明操作及其他	①合理使用工具 ②穿戴齐全（工作服） ③文明操作，清理现场	10	①未合理使用工具，扣3分 ②未穿工作服，扣2分 ③未清理现场，扣5分 合计不超过10分			
	合计		100				

任务 3.2　起动机的检测、故障诊断与排除

【知识目标】

• 了解起动机的常见故障；

● 熟悉起动机的检测方法。

【能力目标】

● 能对起动机的主要部件进行检测；

● 能诊断、排除启动系统故障。

【相关知识】

3.2.1　起动机的解体检测

(1)检查电磁开关总成

1)检查铁芯

推入铁芯,然后检查并确认其是否能够迅速回位到初始位置,如图 3.14 所示。如有必要,则更换磁力起动机开关总成。

2)检查吸引线圈是否断路

用欧姆表测量端子 50 和端子 C 间的电阻,应小于 1 Ω,如图 3.15 所示。如果不符合标准,则更换磁力起动机开关总成。

3)检查保持线圈是否断路

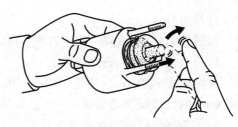

图 3.14　检查铁芯

使用欧姆表测量端子 50 与开关壳体之间的电阻,应小于 2 Ω,如图 3.16 所示。如果不符合标准,则更换磁力起动机开关总成。

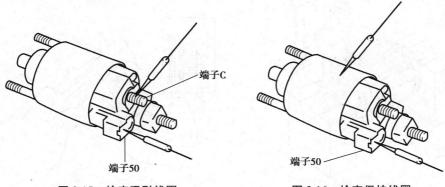

端子C

端子50

端子50

图 3.15　检查吸引线圈　　　　图 3.16　检查保持线圈

(2)检查起动机电枢总成

1)检查换向器是否断路

使用欧姆表测量换向器整流子片间的电阻,应小于 1 Ω,如图 3.17 所示。如果不符合标准,则更换起动机电枢总成。

2)检查换向器是否搭铁短路

使用欧姆表测量换向器和电枢线圈间的电阻,应大于或等于 10 kΩ,如图 3.18 所示。如果不符合标准,则更换起动机电枢总成。

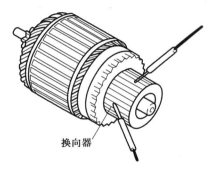

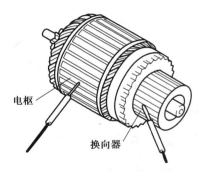

图 3.17　检查换向器　　　　　　　图 3.18　检查换向器是否搭铁

3）检查外观

如果表面脏污或烧坏，则用砂纸（400 号）或在车床上修复表面。

4）检查换向器是否径向跳动

将换向器放在 V 形块上，如图 3.19 所示。用百分表测量径向跳动。标准径向跳动为 0.02 mm，最大径向跳动为 0.05 mm。如果径向跳动大于最大值，则更换电枢总成。

5）用游标卡尺测量换向器直径

用游标卡尺测量换向器直径，如图 3.20 所示。标准直径为 29.0 mm，最小直径为28.0 mm，如果直径小于最小值，则更换电枢总成。

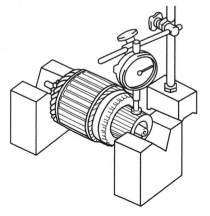

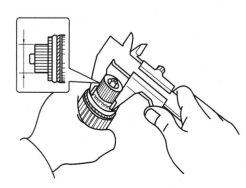

图 3.19　检查换向器径向跳动量　　　　图 3.20　换向器直径测量

（3）检查起动机电刷架总成

①拆下弹簧卡爪，然后拆下 4 个电刷。

②用游标卡尺测量电刷长度。标准长度为 14.4 mm，最小长度为 9.0 mm，如果长度小于最小值，则更换起动机电刷架总成，如图 3.21 所示。

③检查电刷架。起动机的电刷架如图 3.22 所示。用欧姆表测量电刷架的电阻，标准电阻值见表 3.1。如果不符合标准，则更换起动机电刷架总成。

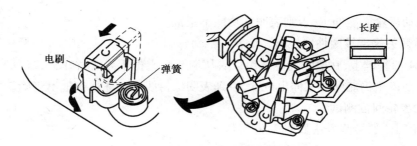

图 3.21　起动机电刷架总成的检查

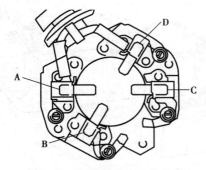

图 3.22　起动机电刷架的检查

表 3.1　标准电阻

检测仪连接	规定状态
A—B	大于或等于 10 kΩ
A—C	大于或等于 10 kΩ
A—D	小于 1 Ω
B—C	小于 1 Ω
B—D	大于或等于 10 kΩ
C—D	大于或等于 10 kΩ

(4)检查起动机中间轴承离合器分总成

①检查行星齿轮的轮齿、内齿轮和起动机离合器是否磨损并损坏。如果损坏,则更换齿轮或离合器总成。还要检查行星齿轮是否磨损或损坏。

②检查起动机离合器。顺时针转动离合器小齿轮,检查并确认其自由转动。尝试逆时针转动离合器小齿轮,检查并确认其锁止,如图 3.23 所示。如有必要,则更换起动机中间轴承离合器分总成。

3.2.2　起动机的不解体检测

(1)电磁开关吸拉线圈性能检验

①先断开励磁线圈的引线。

②按照图 3.24 所示的方法连接蓄电池与电磁启动开关。

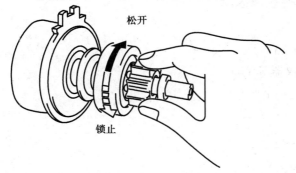

图 3.23　起动机离合器检查

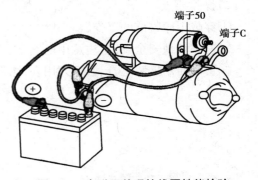

图 3.24　电磁开关吸拉线圈性能检验

注意:驱动齿轮应能伸出,否则表明其功能不正常。

(2)电磁开关保持线圈性能检验

在图 3.24 的基础上,在驱动齿轮移出以后从端子 C 上拆下导线,如图 3.25 所示。

注意:驱动齿轮仍能保留在伸出位置,否则表明保持线圈损坏或接地不正确。

(3)驱动齿轮回位测试

驱动齿轮回位的检测方法如图 3.26 所示。

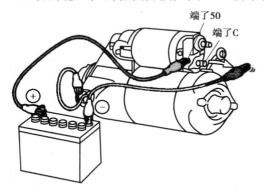

图 3.25　电磁开关保持线圈性能检验　　　　图 3.26　驱动齿轮回位测试

注意:拆下蓄电池负极接外壳的接线夹后,驱动齿轮能迅速返回原始位置即为正常。

【实训指导】

(1)任务描述

起动机无转动症状,发动机不能正常启动。

(2)操作指引

1)组织方式

①场地设施:举升机 1 台。

②设备设施:BYD F3 轿车。

③工量具:汽车拆卸工具、数字万用表、探针等。

④耗材:棉纱、防护套等。

2)操作要点

①穿戴干净整洁的工作服。

②遵守场地安全规定,注意用电安全。

③正确使用拆装工具、数字万用表、测量仪器等工具。

（3）任务实施及工单

起动机无转动症状,发动机不能正常启动					
学生姓名		学　号		日　期	
实训场地				课时	

（1）车辆基本信息

车　型		年　份		制造商	
实训车号		VIN 码			
燃油		蓄电池电压		里程	
机油数量		制动液数量		其余油液数量	

（2）计划与决策

1）本次任务:确定起动机无转动症状,发动机不能正常启动的检查与更换方案。

2）根据任务要求,确定所需要的技术资料,并对小组成员进行合理分工。

①本次任务所需要的技术资料。

②本次任务所需要的检测仪器及常用工具。

③完成本次任务的安全注意事项。

④小组成员分工及小组成员具体任务分配。

姓　　名	任务分配内容	备　注

⑤小组的讨论结果。

（3）实施

①发动机是否可以启动＿＿＿＿＿＿＿＿＿＿。

②蓄电池端电压＿＿＿＿＿＿＿＿＿＿。

③检查蓄电池极桩与连线的接触情况＿＿＿＿＿＿＿＿＿＿。

④查找维修手册,具体实施步骤及测试数据。

⑤对检查结果进行分析、判断,得出结论。

故障点＿＿＿＿＿＿＿＿＿＿;故障原因＿＿＿＿＿＿＿＿＿＿;结论＿＿＿＿＿＿＿＿＿＿。

（4）检查

试车,故障＿＿＿＿＿＿＿＿＿＿。（未排除/已排除）

（5）总结

（4）任务评分

评分点	评分标准	配分/分	扣分/分
测试准备	①初次未进行简单、全面检查（目视）而直接启动发动机的,包括蓄电池电压、冷却液、制动液、润滑油,每项扣 1 分 ②未安装挡块、尾气抽排设备、翼子板布、座套、转向盘套的,每项扣 1 分 ③驾驶员侧车窗玻璃未降落的,扣 1 分 合计不超过 10 分	10	
人物安全	①初次启动发动机,未请示老师而直接启动发动机的,扣 3 分 ②未警示同伴而直接启动发动机的,每次扣 2 分 合计不超过 5 分	5	

续表

评分点	评分标准	配分/分	扣分/分
设备使用	①工具、仪器、仪表和测试设备选择不合理的,每次扣 1 分 ②未做好工具、仪器、仪表和测试设备准备工作而直接进行测试的,每次扣 1 分 ③未正确连接仪器、仪表和测试设备到车辆的,每次扣 1 分 ④未正确操作车辆到测试条件而直接进行测试的,每次扣 1 分 ⑤测试设备操作不正确而没有读出诊断信息的,每次扣 1 分 ⑥每次测试完成后,测试设备未合理归位的,每次扣 1 分 合计不超过 20 分	20	
交流	①测试目的不明确的,每次扣 1 分 ②诊断结论不正确的,每次扣 2 分 合计不超过 10 分	10	
操作规范	①拆卸下的零部件未正确码放的,每次扣 0.5 分 ②测试完成后未正确恢复车辆的,每次扣 1 分 ③操作过程中,不符合相应操作规范的,每次扣 1 分 ④操作过程中对测试设备和车辆可能构成损坏而被老师制止的,每次扣 2 分 合计不超过 20 分	20	
团队协作	①出现队员闲置超过 3 min,每次扣 1 分 ②出现肢体碰撞的,每次扣 1 分 ③出现现场混乱的,扣 1 分 以上累计最多扣 5 分	5	
现场整洁	①地面或工作台不洁的,扣 1 分 ②工具设备摆放凌乱的,扣 1 分 ③工具丢失或脱落的,扣 3 分 合计不超过 3 分	3	
环保意识	启动车辆未连接尾气排放装置的,扣 2 分	2	
报告	①未准确描述故障现象的,扣 3 分 ②诊断思路有问题的,扣 10 分 ③诊断结论错误的,扣 12 分 合计不超过 25 分	25	
合计		100	

项目 4

汽车点火系统的检修

学习导航

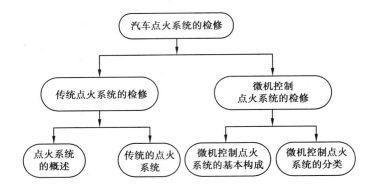

任务 4.1　传统点火系统的检修

【知识目标】

• 了解点火系统的作用及类型；

• 熟悉传统点火系统的组成、部件结构和工作原理。

【能力目标】

• 能够拆装、检测与诊断点火系统的主要部件；

• 能够诊断、排除点火系统故障。

【相关知识】

4.1.1 点火系统的概述

(1)点火系统的作用

发动机汽缸活塞将汽油和气体混合物压缩到最大冲程时,需要适时准确地接收一个高压电火花点燃混合气体,其瞬间产生的热能推动活塞进行做功冲程的运动。而点火系统的作用就是利用点火线圈,将汽车低压电转换成高压电脉冲,并按照发动机做功顺序与点火时刻要求,使各缸的火花塞跳火。

(2)点火系统的发展

在发动机点火系统中,由蓄电池或发电机向其提供电能,称为蓄电池点火系统。由磁电机向点火系统提供电能的称为磁电机点火系统。现代车用汽油发动机均采用蓄电池点火系统,而磁电机点火系统多用于摩托车和拖拉机上。

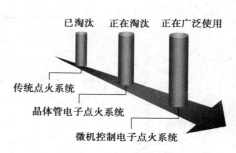

图 4.1 点火系统发展历程

汽油机点火系统对点火提前角的控制方式不同,分为传统点火系统、晶体管电子点火系统和微机控制电子点火系统。点火系统发展历程,如图 4.1 所示。

1)传统点火系统

由蓄电池或发电机向点火系统提供电能,用机械触点控制点火时刻,点火时刻的调节采用机械式自动调节机构,储能方式为电感储能。传统点火系统结构简单、成本低,是一种应用较早、较普遍的点火系统。但该点火系统工作可靠性差,点火状况受转速、触点技术状况影响较大,需要经常维修、调整,已不能适应现代汽车的需求。传统点火系统电路,如图 4.2 所示。

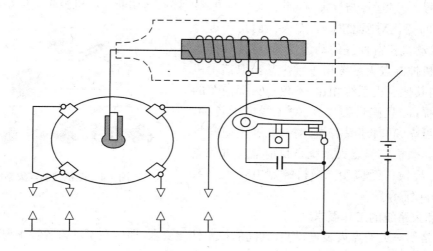

图 4.2 传统点火系统

2）晶体管电子点火系统

晶体管电子点火系统也称为晶体管点火系统,其功能和工作原理与传统点火系统基本相同,只是采用了晶体管来控制初级电路的接通与切断,而晶体管的通断则用点火信号发生器产生的信号来控制。普通电子点火系统仍保留了机械离心式和真空式点火提前自动调节装置。与传统的点火系统相比,电子点火系统具有工作可靠性高、体积小、点火时间精确等优点,广泛应用于早期生产的捷达、奥迪、桑塔纳等车型。晶体管电子点火系统,如图4.3所示。

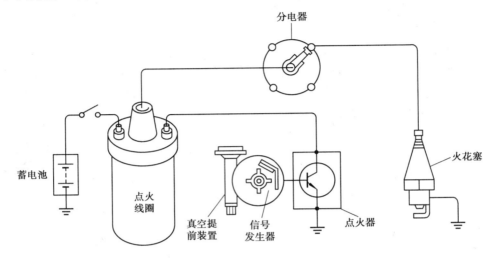

图 4.3 晶体管电子点火系统

3）微机控制点火系统

微机控制点火系统也称为计算机控制点火系统,是由 ECU(电子控制单元)根据各传感器的输入信号,经过运算与处理,控制点火初级电路的接通与切断。微机控制点火系统可根据发动机工况的变化对喷油时刻、点火提前角等进行调整,使发动机获得良好的动力性、经济性和排放性能。微机控制点火系统由于减少甚至取消了机械装置,与其他点火系统相比,不仅点火提前角的控制精度提高,且能量损失少、对无线电干扰少、工作更加可靠,同时还具有爆燃控制、通电时间控制等功能。微机控制点火系统是目前最先进的点火系统,已经被广泛应用。微机控制电子点火系统,如图4.4所示。

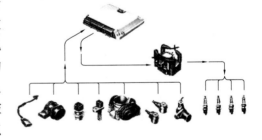

图 4.4 微机控制点火系统

（3）点火系统的工作要求

无论是哪一类的点火装置,均有共同的技术性能要求,即应在发动机各种工况和使用条件下保证可靠而准确地点火,为此应满足以下3个方面的要求:

1）能产生足以击穿火花塞间隙的电压

火花塞电极击穿而产生火花时所需要的电压称为击穿电压。点火系统产生的次级电压必须高于击穿电压才能使火花塞跳火。当火花塞间隙为 0.5~1.0 mm 时,发动机冷启动所需击穿电压为 7 000~8 000 V,实际工作电压为 10 000~15 000 V。

击穿电压的大小受很多因素影响,其中主要有:

①火花塞电极间隙和形状。火花塞电极的间隙越大,气体中的电子和离子受电场力的作用越小,不易发生碰撞电离,击穿电压就越高;电极的尖端棱角分明,所需的击穿电压低。

②汽缸内混合气体的压力和温度。混合气体的压力越大,密度就越大,离子自由运动距离就越短,不易发生碰撞电离,击穿电压越高,温度越低。

③电极的温度。火花塞电极的温度越高,电极周围的气体密度越小,击穿电压就越低。

④发动机的工作状况。火花塞的击穿电压随转速的升高而降低,混合器过浓、过稀都会造成电压过大。

2)火花应具有足够的能量

发动机正常工作时,由于混合气压缩终了的温度接近其自燃温度,仅需要 1~5 mJ 的火花能量。但在混合气过浓或是过稀时,发动机启动、怠速或节气门急剧打开时,则需要较高的火花能量。

随着现代发动机对经济性和排气净化要求的提高,都迫切需要提高火花能量。因此,为了保证可靠点火,高能电子点火系统一般应具有 80~100 mJ 的火花能量,启动时应产生高于 100 mJ 的火花能量。

3)点火时刻应适应发动机的工作情况

对于多缸发动机,点火系统应按发动机的工作顺序进行点火。通常六缸发动机的点火顺序为 1—5—3—6—2—4,四缸发动机的点火顺序为 1—3—4—2 或 1—2—4—3。点火时刻对发动机的性能影响很大,从火花塞点火到汽缸内大部分混合气燃烧,并产生高的爆发力需要一定的时间,虽然这段时间很短,但由于曲轴转速很高,在这段时间内,曲轴转过的角度还是较大的。若在压缩上止点点火,则混合气边燃烧、活塞边下移而使汽缸容积增大,这将导致燃烧压力低,发动机功率也随之减小。因此要在压缩接近上止点前点火,即点火提前。

从发出电火花开始至活塞到达上止点为止的一段时间内曲轴转过的角度,称为点火提前角。

如果点火提前过小,当活塞到达上止点时才点火,则混合气的燃烧主要在活塞下行过程中完成,即燃烧过程在容积增大的情况下进行,使炽热的气体与汽缸壁接触的面积增大,因而转变为有效功的热量相对减少,汽缸内最高燃烧压力降低,导致发动机过热、功率下降。

如果点火提前角过大,由于混合气的燃烧完全在压缩过程进行,当活塞到达上止点之前即达最大,使活塞受到反冲,发动机做负功,不仅使发动机的功率降低,还有可能引起爆燃和运转不平稳现象,加速运动部件和轴承的损坏。

4.1.2　传统的点火系统

(1)传统的点火系统基本构成

传统的点火系统主要由电源、分电器、点火线圈、火花塞及点火开关等组成,如图 4.5 所示。

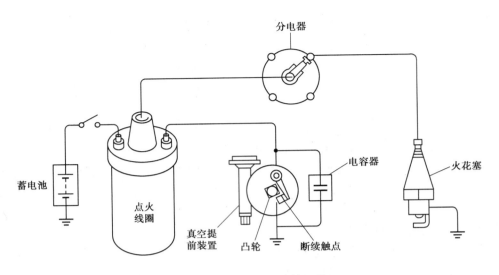

图 4.5　传统点火系统的组成

1）电源

电源为蓄电池或电动机,为点火系统提供低压直流电(一般为 12 V)。发动机启动时由蓄电池供电,启动后由发电机供电。

2）分电器

分电器总成主要由配电器、断电器、电容器、真空及离心点火提前装置等部件组成,如图 4.6 所示。

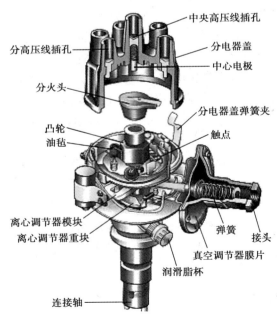

图 4.6　分电器的组成

分电器是在发动机凸轮轴的驱动下,按时接通或切断点火线圈的初级电流,并将在点火线圈次级线圈产生的高压电根据点火顺序依次送到各缸的火花塞,同时能随发动机转速、负荷的变化自动调整点火提前角。

3)点火线圈

点火线圈是将电源提供的 12 V 低压电转变成 15~20 kV 的高压电,以满足火花塞跳火的需求。常用的点火线圈里有两组线圈,即初级线圈和次级线圈。初级线圈用较粗的漆包线,通常用 0.5~1 mm 的漆包线绕 200~500 匝;次级线圈用较细的漆包线,通常用 0.1 mm 左右的漆包线绕 15 000~25 000 匝。点火线圈结构图,如图 4.7 所示。

当初级线圈接通电源时,随着电流的增加四周产生一个很强的磁场,铁芯储存了磁场能;当开关装置使初级线圈电路断开时,初级线圈的磁场迅速衰减,次级线圈就会感应出很高的电压。初级线圈的磁场消失速度越快,电流断开瞬间的电流越大,两个线圈的匝数比就越大,则次级线圈感应出来的电压越高。

点火线圈装有附加电阻,一般用直径 0.4 mm 左右的低碳钢丝、镍铬丝或纯镍丝。附加电阻是热敏电阻,当电阻上流过的电流大,使温度升高时,其阻值随之变大;当电阻上流过的电流小,使温度降低时,其阻值随之变小。发动机工作时,利用附加电阻这一特点自动调节初级电流,可以改善点火系统的工作性能,解决点火线圈高速断火和低速发热的问题。

4)火花塞

火花塞是把高压导线送来的脉冲高压电放电,击穿火花塞两电极间的空气,产生电火花以此引燃汽缸内的混合气体。火花塞的工作环境极为恶劣,它需要承受高温、高压及强烈腐蚀,所以火花塞一般由耐高温、耐腐蚀的镍锰合金钢制成。

火花塞主要由接线螺母、瓷绝缘体、中心电极、侧电极和壳体等部分组成,如图 4.8 所示。

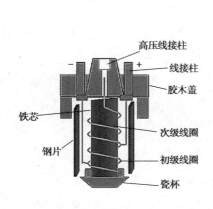

图 4.7　点火线圈结构

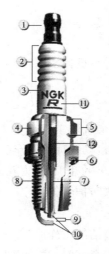

图 4.8　火花塞的组成

1—接线螺母;2—高氧化铝陶瓷绝缘体;3—商标;
4—钢质壳体(六角形);5—内垫圈(密封导热);6—密封垫圈;
7—中心电极导电杆;8—火花塞裙部螺纹;9—电极间隙;
10—中心电极和侧电极;11—型号;12—去干扰电阻

在钢质壳体内部固定有高氧化铝陶瓷绝缘体,在绝缘体中心孔的上部有金属杆,杆的上端有接线螺母,用来接高压导线,下部有中心电极,金属杆与中心电极之间用导电玻璃密封,铜质内垫圈起密封和导热作用。壳体的上部有便于拆装的脚螺帽,下部有螺纹以备拧装在发动机汽缸盖内,并采用了氧化处理或其他防锈镀层,以提高其耐腐蚀性。壳体的下端面固定有弯曲的侧电极。火花塞装入火花塞孔时,需加多层密封垫圈或铜包石棉垫圈以保证密封。中心电极用镍锰合金钢制成,具有良好的高导电、导热性,并具有很强的耐高温、耐化学腐蚀和抗氧化性能,有较长的使用寿命。

火花塞的电极间隙一般为 0.7~0.9 mm,近年来为适用发动机排气净化的要求,利用稀混合气燃烧,火花塞间隙有增大的趋势,有的已增大为 1.0~1.2 mm。

(2)工作原理

图 4.5 为传统点火系统的组成图,也展示了点火系统的工作原理。发动机工作时,断电器凸轮也随着配气凸轮轴一起旋转。点火开关打开后,断电器凸轮轴旋转一周,将会交替闭合和断开触点。

当断电器触点闭合时,电流从蓄电池"+"极、点火开关、点火线圈"+"接线柱、点火线圈初级绕组、接线柱"-"、断电器触点、搭铁到蓄电池"-"极,此时初级线圈形成磁场。当一定时间后,凸轮将断电器触点顶开,初级电流瞬间消失,磁场发生迅速变化,两个绕组中都感应出电动势,由于次级绕组匝数多,电动势能够高达 15~20 kV,这样的高压电足以使火花塞击穿空气间隙,产生电火花引燃混合气,此时电路回路是从次级绕组高压线、点火线圈高压接线柱、点火线圈"+"接线柱、点火开关、蓄电池正极、蓄电池负极、搭铁、火花塞电极、中心电极、配电器分火头到次级绕组。分电器轴转一圈,发动机各缸按一定顺序各点火一次。

【实训指导】

(1)任务描述

火花塞的检查与更换。

(2)操作指引

1)组织方式

①场地设施:举升机 1 台。

②设备设施:自动挡捷达轿车。

③工量具:汽车拆卸工具、火花塞拆卸专用套筒、数字万用表、塞尺、化油气等。

④耗材:棉纱、防护套等。

2)操作要点

①穿戴干净整洁的工作服。

②遵守场地安全规定,注意用电安全。

③正确使用拆装工具、数字万用表、测量仪器等工具。

（3）任务实施及工单

火花塞的检查与更换					
学生姓名		学号		日期	
实训场地				课时	

（1）车辆基本信息

车型		年份		制造商	
实训车号		VIN 码			
燃油		蓄电池电压		里程	
机油数量		制动液数量		其余油液数量	

（2）计划与决策

1）本次任务：确定火花塞的检查与更换方案。

2）根据任务要求，确定所需要的技术资料，并对小组成员进行合理分工。

①本次任务所需要的技术资料。

②本次任务所需要的检测仪器及常用工具。

③完成本次任务的安全注意事项。

④小组成员分工及小组成员具体任务分配。

姓　名	任务分配内容	备　注

⑤小组的讨论结果。

（3）实施

1）使用＿＿＿＿＿＿＿＿＿＿拆卸点火线圈。

2）使用＿＿＿＿＿＿＿＿＿＿拆卸火花塞。

3）火花塞的检查。

①目视检查（打"√"或"×"）。

火花塞表面清洁（　） 接线柱无腐蚀（　） 螺纹无损坏（　） 绝缘部分无裂纹（　）

②间隙检查。

火花塞间隙为＿＿＿＿＿＿＿＿＿＿＿；标准间隙为＿＿＿＿＿＿＿＿＿＿＿。

③跳火实验。

本火花塞的火花＿＿＿＿＿＿＿＿＿＿＿；正常的火花＿＿＿＿＿＿＿＿＿＿＿。

④对检查结果进行分析、判断，得出结论。

故障点＿＿＿＿＿＿＿＿＿＿；故障原因＿＿＿＿＿＿＿＿＿＿＿；结论＿＿＿＿＿＿＿＿＿＿。

（4）检查

试车，故障＿＿＿＿＿＿＿＿＿＿＿。（未排除/已排除）

（5）总结

（4）任务评分

评分点	评分标准	配分/分	扣分/分
测试准备	①初次未进行简单、全面检查（目视）而直接启动发动机的，包括蓄电池电压、冷却液、制动液、润滑油，每项扣1分 ②未安装挡块、尾气抽排设备、翼子板布、座套、转向盘套的，每项扣1分 ③驾驶员侧车窗玻璃未降落的，扣1分 合计不超过10分	10	
人物安全	①初次启动发动机，未请示老师而直接启动发动机的，扣3分 ②未警示同伴而直接启动发动机的，每次扣2分 合计不超过5分	5	

续表

评分点	评分标准	配分/分	扣分/分
设备使用	①工具、仪器、仪表和测试设备选择不合理的,每次扣 1 分 ②未做好工具、仪器、仪表和测试设备准备工作而直接进行测试的,每次扣 1 分 ③未正确连接仪器、仪表和测试设备到车辆的,每次扣 1 分 ④未正确操作车辆到测试条件而直接进行测试的,每次扣 1 分 ⑤测试设备操作不正确而没有读取出诊断信息的,每次扣 1 分 ⑥每次测试完成后,测试设备未合理归位的,每次扣 1 分 合计不超过 20 分	20	
交流	①测试目的不明确的,每次扣 1 分 ②诊断结论不正确的,每次扣 2 分 合计不超过 10 分	10	
操作规范	①拆卸下的零部件未正确码放的,每次扣 0.5 分 ②测试完成后未正确恢复车辆的,每次扣 1 分 ③操作过程中,不符合相应操作规范的,每次扣 1 分 ④操作过程中对测试设备和车辆可能构成损坏而被老师制止的,每次扣 2 分 合计不超过 20 分	20	
团队协作	①出现队员闲置超过 3 min,每次扣 1 分 ②出现肢体碰撞的,每次扣 1 分 ③出现现场混乱的,扣 1 分 合计不超过 5 分	5	
现场整洁	①地面或工作台不洁的,扣 1 分 ②工具设备摆放凌乱的,扣 1 分 ③工具丢失或脱落的,扣 3 分 合计不超过 3 分	3	
环保意识	启动车辆未连接尾气排放装置的,扣 2 分	2	
报告	①未准确描述故障现象的,扣 3 分 ②诊断思路有问题的,扣 10 分 ③诊断结论错误的,扣 12 分 合计不超过 25 分	25	
合计			100

任务 4.2　微机控制点火系统的检修

【知识目标】

• 了解微机控制点火系统的构成；

• 熟悉微机控制点火系统的分类。

【能力目标】

• 能够拆装、检测与诊断微机控制点火系统的主要部件；

• 能够诊断、排除微机控制点火系统的故障。

微机控制点火系统也称为电控点火系统。它是目前点火系统中精度最高、控制功能最强的一种点火系统。与传统点火系统相比,微机控制点火系统彻底取消了断电器、离心式点火提前调节器、真空式点火提前装置等机械装置,完全实现了电子控制。

4.2.1　微机控制点火系统的基本构成

微机控制点火系统与传统点火系统结构有较大差异,由传感器、ECU、点火线圈、火花塞等组成,如图 4.9 所示。

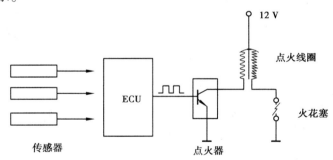

图 4.9　微机控制点火系统的构成

(1)传感器

各传感器的作用是检测发动机运行的各种参数变化,为 ECU 提供点火控制所需的信号。

凸轮轴位置传感器用以检测发动机工作时凸轮轴位置,判别发动机工作循环的 1 缸上止点,从而进行顺序喷油控制、点火控制和爆燃控制,是点火控制的主控信号。

曲轴位置传感器又称为发动机转速与曲轴转角传感器,主要是采集曲轴转动角度和发动机转速信号,以便确定点火时刻和喷油量。

空气流量传感器,它将吸入的空气流量转换成电信号送至 ECU,测定吸入发动机的空气流量,作为决定喷油量和点火时刻。

节气门位置传感器,用于检测发动机负荷状态的传感器,决定喷油量和点火时刻。同时,可用于检测发动机是处于怠速工况还是负荷工况。

冷却液温度传感器用于检测发动机冷却液温度,是检测发动机热负荷的传感器,是一个热敏电阻型传感器。

爆震传感器安装在发动机体或汽缸的不同位置。当发电机产生爆震或敲缸时,会产生一定频率的电压峰值,爆震传感器的测量频率范围通常为 5~15 kHz。当控制单元接收到这些频率的电压信号时,计算机重修正点火正时,减小点火提前角。

（2）ECU

电子控制器一般被称为 ECU(Electronic Control Unit),根据各传感器输入的信号,计算确定的最佳点火提前角和初级电路导通角,并计算点火控制信号输送给点火控制器,通过点火控制器快速、准确地控制点火线圈工作,如图 4.10 所示。

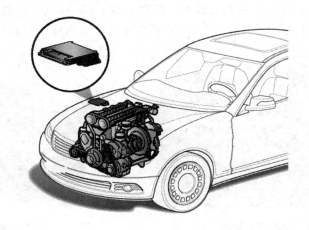

图 4.10　ECU

（3）执行器

点火系统的执行器主要包括点火线圈、火花塞等,其功能与传统点火系统相同。

4.2.2　微机控制点火系统的分类

微机控制点火系统按照是否保留传统的分电器(实质上指配电器)可分为两大类:有分电器点火系统和无分电器点火系统(无分电器点火系统分为同时点火方式和单独点火方式)。

（1）有分电器点火系统

高压电由分电器中的配电器(分火头和分电器盖组成)分配,各缸火花塞依次点火。这种点火系统浪费电能,干扰计算机工作,使分电器盖的直径受到限制,点火调节范围受到影响。

（2）无分电器点火系统

无分电器点火系统又称为直接点火系统(通常也称为 DLI)。它除了具有有分电器计算机控制点火系统的优点外,取消了分电器总成,其高压配电由原来的机械式改为电子式,使其还具有以下优点:在不增加电能消耗的情况下,进一步增大了点火能量,有利于采用稀混合气燃烧降低排放污染物含量和耗油量;避免了与分火头有关的一些机械故障,提高了工作可靠性;

对无线电的干扰大幅度降低,几乎降至零水平;无须进行点火正时方面的调整,使用维护更加简便。

无分电器点火系统的高压配电方式有单独点火和同时点火之分。

1)单独点火

每个发动机汽缸的火花塞单独配用一个点火线圈,单独向各缸直接点火。各个单独的点火线圈直接安装在火花塞上,其外形就像火花塞高压线帽。该种点火方式去掉了高压线,同时也消除了高压线带来的不利因素。单独点火线圈,如图4.11所示。

2)同时点火

同时点火是指对同时到达上止点的两个汽缸实施同时点火,其中必然有一个缸为压缩上止点,其点火为有效火;另一个缸为排气上止点,其点火为无效火(或废火)。这种点火系统使用的点火线圈有两个高压接口。各点火线圈一般组合成一体,其点火器也可与点火线圈制成一体,形成点火器-点火线圈组件,并依靠高压线与各火花塞相连。双缸同时点火线圈如图4.12所示。

图4.11 单独点火线圈

图4.12 双缸同时点火线圈

【实训指导】

(1)任务描述

点火系统无高压电。

(2)操作指引

1)组织方式

①场地设施:举升机1台。

②设备设施:自动挡捷达轿车。

③工量具:X431、示波器、汽车拆卸工具、火花塞拆卸专用套筒、数字万用表、塞尺、化油气等。

④耗材:棉纱、防护套等。

2)操作要点

①穿戴干净整洁的工作服。

②遵守场地安全规定,注意用电安全。

③正确使用拆装工具、数字万用表、测量仪器等工具。

(3)任务实施及工单

<table>
<tr><td colspan="6" align="center">点火系统无高压电</td></tr>
<tr><td>学生姓名</td><td></td><td>学号</td><td></td><td>日期</td><td></td></tr>
<tr><td>实训场地</td><td colspan="3"></td><td>课时</td><td></td></tr>
</table>

(1)车辆基本信息

车型		年份		制造商	
实训车号		VIN 码			
燃油		蓄电池电压		里程	
机油数量		制动液数量		其余油液数量	

(2)计划与决策

1)本次任务:确定点火系统高压无电维修方案。

2)根据任务要求,确定所需要的技术资料,并对小组成员进行合理分工。

①本次任务所需要的技术资料。

②本次任务所需要的检测仪器及常用工具。

③完成本次任务的安全注意事项。

④小组成员分工及小组成员具体任务分配。

姓　名	任务分配内容	备　注

⑤小组的讨论结果。

（3）实施
①系统中用到的点火线圈的数量为＿＿＿＿＿＿＿＿只,类型＿＿＿＿＿＿。
②故障现象:＿＿＿＿＿＿＿＿＿＿＿＿＿＿＿＿＿＿＿＿。
③是否有故障代码＿＿＿＿＿＿＿＿（有或没有）,具体代码为＿＿＿＿＿＿＿＿＿＿＿＿＿＿＿。
④有故障代码的实施方案。

⑤无故障代码的实施方案。

⑥对检查结果进行分析、判断,得出结论。
故障点＿＿＿＿＿＿＿＿＿＿＿＿＿＿;故障原因＿＿＿＿＿＿＿＿＿＿＿＿＿＿;结论＿＿＿＿＿＿＿＿＿＿＿＿＿＿。

（4）检查
试车,故障＿＿＿＿＿＿＿＿＿＿＿＿＿＿。（未排除/已排除）

（5）总结

（4）任务评分

评分点	评分标准	配分/分	扣分/分
测试准备	①初次未进行简单、全面检查（目视）而直接启动发动机的,包括蓄电池电压、冷却液、制动液、润滑油,每项扣 1 分 ②未安装挡块、尾气抽排设备、翼子板布、座套、方向盘套的,每项扣 1 分 ③驾驶员侧车窗玻璃未降落的,扣 1 分 合计不超过 10 分	10	

评分点	评分标准	配分/分	扣分/分
人物安全	①初次启动发动机,未请示老师而直接启动发动机的,扣3分 ②未警示同伴而直接启动发动机的,每次扣2分 合计不超过5分	5	
设备使用	①工具、仪器、仪表和测试设备选择不合理的,每次扣1分 ②未做好工具、仪器、仪表和测试设备准备工作而直接进行测试的,每次扣1分 ③未正确连接仪器、仪表和测试设备到车辆的,每次扣1分 ④未正确操作车辆到测试条件而直接进行测试的,每次扣1分 ⑤测试设备操作不正确而没有读取出诊断信息的,每次扣1分 ⑥每次测试完成后,测试设备未合理归位的,每次扣1分 合计不超过20分	20	
交流	①测试目的不明确的,每次扣1分 ②诊断结论不正确的,每次扣2分 合计不超过10分	10	
操作规范	①拆卸下的零部件未正确码放的,每次扣0.5分 ②测试完成后未正确恢复车辆的,每次扣1分 ③操作过程中,不符合相应操作规范的,每次扣1分 ④操作过程中对测试设备和车辆可能构成损坏而被老师制止的,每次扣2分 合计不超过20分	20	
团队协作	①出现队员闲置超过3 min,每次扣1分 ②出现肢体碰撞的,每次扣1分 ③出现现场混乱的,扣1分 以上累计最多扣5分	5	
现场整洁	①地面或工作台不洁的,扣1分 ②工具设备摆放凌乱的,扣1分 ③工具丢失或脱落的,扣3分 合计不超过3分	3	
环保意识	启动车辆未连接尾气排放装置的,扣2分	2	
报告	①未准确描述故障现象的,扣3分 ②诊断思路有问题的,扣10分 ③诊断结论错误,扣12分 合计不超过25分	25	
合计			100

项目 **5**
汽车照明与信号系统的检修

学习导航

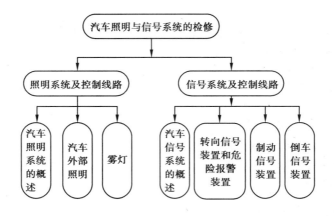

任务 5.1 照明系统及控制线路

【知识目标】
- 了解汽车照明系统的作用、组成及控制;
- 熟悉汽车照明系统的电路基本原理;
- 掌握汽车照明系常见的故障及排除。

【能力目标】
- 能够分析汽车照明系统的电路;
- 能够诊断、排除汽车照明系统的故障。

【相关知识】

5.1.1   汽车照明系统的概述

(1)汽车照明系统的作用

汽车照明系统的作用是夜间汽车行驶照明、保证汽车夜间行驶安全。现代汽车照明系统随着照明技术的发展和创新,在汽车照明功能、保障行车安全及使用功能等多方面日益进步。

(2)汽车照明系统的种类与功能

为了保证汽车行驶安全,现代汽车上都装备有照明系统,用于提供车辆夜间安全行驶必要的照明。汽车上的照明设备有多种,用途也不一样,具体的种类和功能见表 5.1,安装位置如图 5.1 所示。

表 5.1   照明系统的种类与功能

种 类		功 能
外部照明	前照灯	安装在汽车的前部,用于夜间行车照明
	雾灯	安装在汽车的前部和后部,在能见度较低的雨雾天气用于照明,以提高行车安全
	牌照灯	安装在汽车尾部牌照上方,用于夜间照亮汽车牌照
内部照明	顶灯	安装在驾驶室顶部,其作用是为驾驶室提供照明
	仪表灯	安装在仪表上,用于夜间照亮仪表
	后备厢灯	用于夜间拿取行李物品时照明

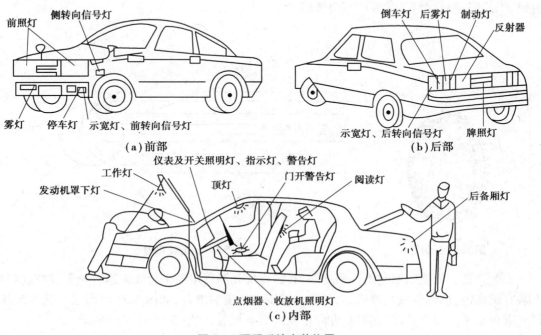

(a)前部   (b)后部   (c)内部

图 5.1   照明系统安装位置

5.1.2　汽车外部照明

（1）前照灯

前照灯又称为前大灯,是汽车上的主要照明设备。前照灯分为二灯制和四灯制。二灯制前照灯每端一只对称地安装在汽车前两端,每只前照灯提供远光和近光;四灯制前照灯每端两只成对地对称安装在汽车前两端,每对前照灯中,一只提供远光,另一只提供近光或近、远光。

每只前照灯一般由反射镜、外壳、灯泡、镜头等组成。图5.2为前照灯结构图。

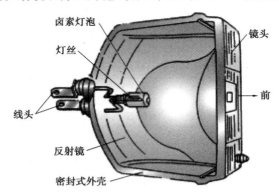

图 5.2　前照灯结构图

①反射镜。反射镜的作用是最大限度地将灯泡发出的光线聚合成强光束,以增加照射距离(图5.3)。它是由薄钢板冲压或玻璃、塑料制成,其表面呈旋转抛物面形状(图5.4),内表面镀银、铝或铬,然后抛光,常采用真空镀铝。

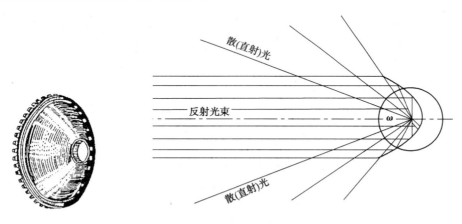

图 5.3　反射镜　　　　　　　　图 5.4　反射镜原理

②配光镜。为使照明范围内照度均匀,需将反光镜反出的平行光束进行整形,故在前照灯上装有配光镜,也称为散光玻璃,它是许多棱镜和透镜的组合,如图5.5(a)所示。配光镜使平行光束在水平方向上扩散,在竖直方向使光束向下折射,如图5.5(b)、(c)所示。

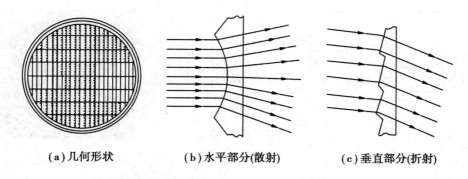

(a) 几何形状　　　(b) 水平部分(散射)　　　(c) 垂直部分(折射)

图 5.5　配光镜

③灯泡。灯泡是汽车照明的光源,有普通灯泡和卤钨灯泡两种,如图 5.6 所示。灯丝均用熔点、高发光强的钨丝制成。

为满足汽车的防眩要求,通常灯泡具有两根灯丝,即远光灯丝和近光灯丝。在四灯制中,远光时 4 个前照灯同时点亮,而在近光时只有两外侧的前照灯点亮。

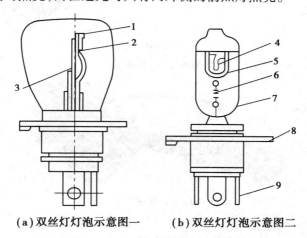

(a) 双丝灯灯泡示意图一　　　(b) 双丝灯灯泡示意图二

图 5.6　前照灯灯泡

1,5—配光屏;2,4—近光灯丝;3,6—远光灯丝;7—灯壳;8—定焦盘;9—插片

(2) 前照灯的控制元件

前照灯的控制电路主要由灯光开关、变光开关、前照灯继电器及前照灯等组成。

1) 灯光开关

灯光开关的形式有拉钮式(现在汽车上几乎不用)、旋转式和组合式等,如图 5.7 所示。通常采用组合开关,将前照灯、小灯、雾灯、转向灯等灯光开关制成一体,安装在方向盘左下方的转向柱上。

2) 变光开关

变光开关可根据汽车行驶的需要切换近光和远光。变光开关串联在前照灯电路中,将组合开关操纵杆端部旋钮置于前照灯位置,拨动操纵杆可使前照灯变光,如图 5.8 所示。

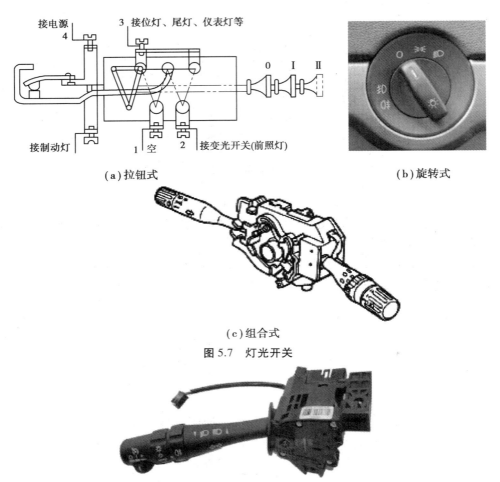

（a）拉钮式　　　　　　　　　　　（b）旋转式

（c）组合式

图5.7　灯光开关

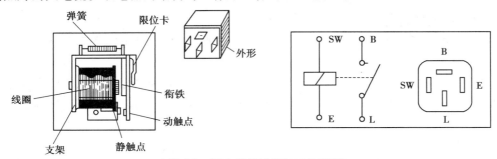

图5.8　变光开关

3）前照灯继电器

由于前照灯的工作电流大，如用灯光开关直接控制前照灯，灯光开关易烧坏，因此在前照灯的电路中安装继电器。继电器是用开关去控制继电器线圈的小电流，而由继电器触点去控制前照灯的大电流。继电器的结构与工作原理，如图5.9所示。

图5.9　继电器的结构与工作原理

（3）前照灯的控制电路

以BYD F3为例，介绍前照灯控制电路的原理，如图5.10所示。

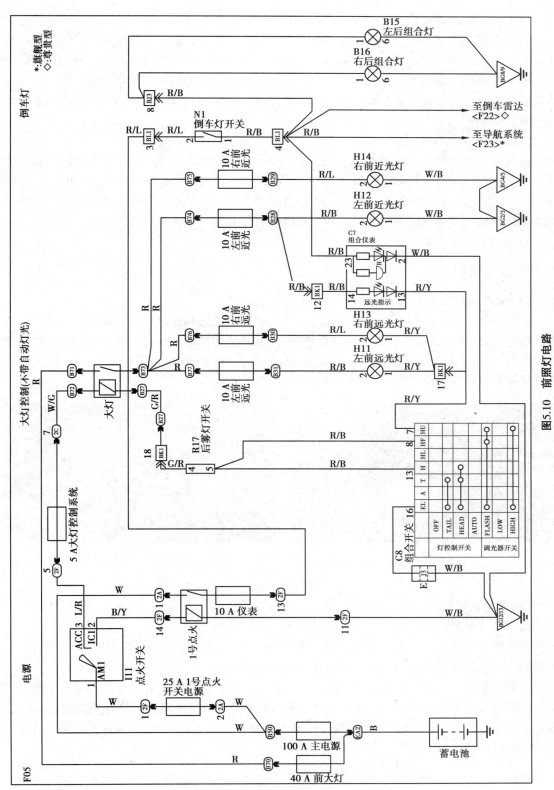

图5.10　前照灯电路

1)近光灯的工作原理

将点火开关打至 ON 挡,回路为:蓄电池正极→主电源保险丝→点火开关电源保险丝→大灯控制系统保险丝→大灯继电器线圈端→后雾灯开关→组合开关 C8(13 号)→组合开关 C8(16 号)→搭铁,大灯继电器开关闭合。另一条线路为:蓄电池正极→主电源保险丝→点火开关电源保险丝→大灯控制系统保险丝→大灯继电器开关端→近光灯保险丝(左、右)→近光灯(左、右)→搭铁,近光灯亮。

2)远光灯的工作原理

将点火开关打至 ON 挡,回路为:蓄电池正极→主电源保险丝→点火开关电源保险丝→大灯控制系统保险丝→大灯继电器线圈端→后雾灯开关→组合开关 C8(13 号)→组合开关 C8(16 号)→搭铁,大灯继电器开关闭合。另一条线路为:蓄电池正极→主电源保险丝→点火开关电源保险丝→大灯控制系统保险丝→大灯继电器开关端→远光灯保险丝(左、右)→远光灯(左、右)→搭铁,远光灯亮。

5.1.3 雾灯

(1)雾灯的功能

雾灯是在有雾、下雪、暴雨或尘埃弥漫时为有效照明道路和提供信号而设置的灯具。雾灯有前后之分,前雾灯的安装位置比前照灯稍低,一般离地面约 50 cm,射出的光线倾斜度大,光色为黄色(黄色光波较长,透雾性能好)或白色,如图 5.11(a)所示。后雾灯光色为红色,用来提醒尾随车辆保持安全间距,如图 5.11(b)所示。

(a)前雾灯   (b)后雾灯

图 5.11　雾灯

(2)雾灯的电路

以 BYD F3 为例介绍雾灯控制电路的原理,如图 5.12 所示。

通过图 5.12(a)可知,后雾灯的电路为蓄电池→主电源保险丝→后雾灯保险丝→后雾灯开关(3 号)→后雾灯开关(1 号)→后雾灯(左、右)→搭铁。

前雾灯受控于后雾灯,则由图 5.12(a)、(b)可知,前雾灯的控制电路为蓄电池→主电源保险丝→后雾灯保险丝→后雾灯开关(3 号)→后雾灯开关(4 号)→前雾灯继电器线圈端→组合开关 C8→搭铁。另一条线路为蓄电池→主电源保险丝→前雾灯保险丝→前雾灯继电器开关端→前雾灯(左、右)→搭铁。

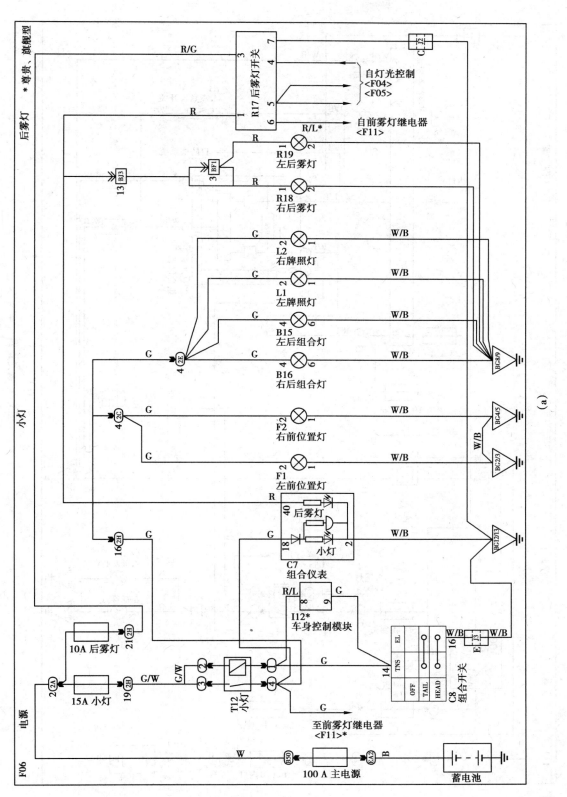

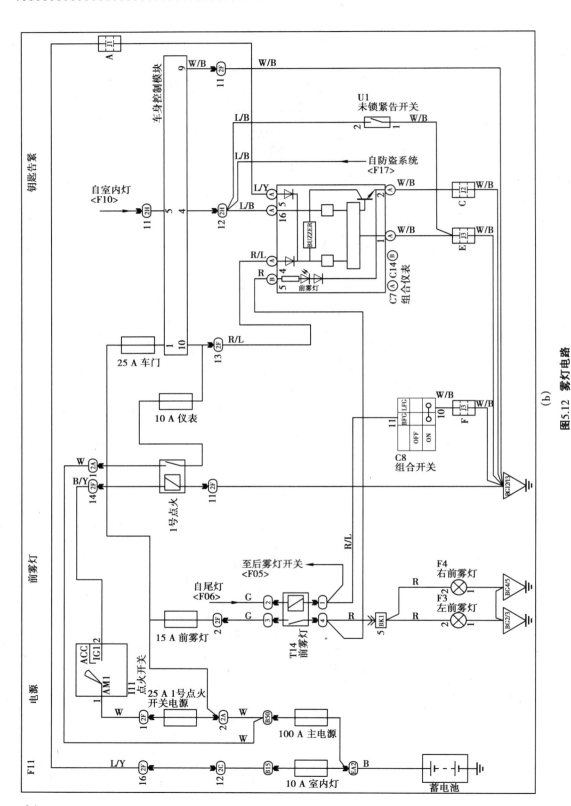

图5.12 雾灯电路

(b)

【 实训指导 】

（1）任务描述

前照灯和雾灯的灯光电路识别。

（2）操作指引

1）组织方式

①场地设施：电气实训台。

②设备设施：蓄电池。

③工量具：数字万用表、导线等。

④耗材：棉纱、防护套等。

2）操作要点

①穿戴干净整洁的工作服。

②遵守场地安全规定，注意用电安全。

③正确使用拆装工具、数字万用表、测量仪器等工具。

（3）任务实施及工单

前照灯和雾灯的灯光电路识别						
学生姓名		学号		日期		
实训场地				课时		

（1）实训台基本信息

车 型		年 份		制造商	
实训车号		VIN 码			
燃 油		蓄电池电压		里 程	
机油数量		制动液数量		其余油液数量	

（2）计划与决策

1）本次任务：确定前照灯和雾灯的灯光电路。

2）根据任务要求，确定所需要的技术资料，并对小组成员进行合理分工。

①本次任务所需要的技术资料。

②本次任务所需要的检测仪器及常用工具。

③完成本次任务的安全注意事项。

④小组成员分工及小组成员具体任务分配

姓　　名	任务分配内容	备　　注

⑤小组的讨论结果。

（3）实施
①蓄电池电压＿＿＿＿＿＿＿＿＿。
②近光灯电路。

③远光灯电路。

④前雾灯电路。

⑤后雾灯电路。

(4)检查

实训台测量,灯是否亮＿＿＿＿＿＿＿＿＿＿(是/否)。若未亮＿＿＿＿＿＿＿＿＿。

你认为有故障的部位检查及测量记录	可能故障部位	可能故障部位的检查记录
故障点确认及排除	故障点确认:	
	故障点排除方法说明:	
	验证故障是否排除	□已排除　　□未排除

(5)总结

(4)任务评分

评分点	评分标准	配分/分	扣分/分
测试准备	①初次未进行简单全面检查(目视)而直接使用实训台的,包括蓄电池电压、导线等,每项扣1分 ②未做基本防护的,每项扣1分 合计不超过10分	10	
人物安全	①初次连接电源,未请示老师的,扣3分 ②未警示同伴而直接连接电源的,每次扣2分 合计不超过5分	5	
设备使用	①工具、仪器、仪表和测试设备选择不合理的,每次扣1分 ②未做好工具、仪器、仪表和测试设备准备工作而直接进行测试的,每次扣1分 ③未正确连接仪器、仪表和测试设备到实训台的,每次扣1分 ④未正确操作车辆到测试条件而直接进行测试的,每次扣1分 ⑤测试设备操作不正确而没有读取出诊断信息的,每次扣1分 ⑥每次测试完成后,测试设备未合理归位的,每次扣1分 合计不超过20分	20	
交流	①测试目的不明确的,每次扣1分 ②诊断结论不正确的,每次扣2分 合计不超过10分	10	

续表

评分点	评分标准	配分/分	扣分/分
操作规范	①拆卸下的零部件未正确码放的,每次扣0.5分 ②测试完成后未正确恢复车辆的,每次扣1分 ③操作过程中,不符合相应操作规范的,每次扣1分 ④操作过程中对测试设备和实训台可能构成损坏而被老师制止的,每次扣2分 合计不超过20分	20	
团队协作	①出现选手闲置超过3 min,每次扣1分 ②出现肢体碰撞的,每次扣1分 ③出现现场混乱的,扣1分 合计不超过5分	5	
现场整洁	①地面或工作台不洁的,扣1分 ②工具设备摆放凌乱的,扣1分 ③工具丢失或脱落的,扣3分 合计不超过5分	5	
报告	①未准确描述故障现象的,扣3分 ②诊断思路有问题的,扣10分 ③诊断结论错误的,扣12分 合计不超过25分	25	
合计		100	

【拓展知识】

为了提高汽车行驶的安全性和方便性,很多新型车辆采用了电子控制装置,以实现对前照灯的自动控制。

(1)前照灯自动变光系统

前照灯自动变光系统能根据迎面来车的灯光,自动调节前照灯的近光和远光。当在200 m以外有对方车辆灯光信号时,变光器能够自动地将本车的远光变为近光,从而避免给对方驾驶人带来眩目;两车交会后,前照灯又可自动恢复为远光。该系统主要由光传感器、信号放大器和功率继电器等组成,光传感器一般安装于通风栅之后、散热器之前。

(2)前照灯昏暗自动发光系统

前照灯昏暗自动发光系统能够在汽车行驶过程中(并非夜间行驶),当汽车前方自然光的强度降到一定程度时,自动将前照灯电路接通,开灯行驶以确保行车安全。例如,汽车通过高架桥、林荫小道、树林等情况下,能够自动接通前照灯电路,为车辆行驶提供足够的照明。

(3)随动转向前照灯系统

随动转向前照灯系统(Adaptive Front-lighting System,AFS)也称为主动转向前照灯。它能够不断地对前照灯进行动态调节,由转向盘下面的转向柱中的角速度传感器直接给灯光控制电动机或者辅助补偿灯一个信号,使其按照驾驶人需要做的转向角度自动转向或者向需要转向的一侧打亮补偿灯光,从而减少视野盲区。

任务 5.2　信号系统及控制线路

【知识目标】
- 了解汽车信号系统的作用、组成及控制；
- 熟悉汽车信号系统的电路基本原理；
- 掌握汽车信号系统常见的故障及排除。

【能力目标】
- 能够分析汽车信号系统的电路；
- 能够诊断、排除信号系统的故障。

【相关知识】

5.2.1　汽车信号系统的概述

(1)信号系统的作用

汽车信号系统的作用是通过声响和灯光向其他车辆司机和行人发出警告，以引起注意，确保车辆的行驶安全。

(2)信号系统的分类

信号系统主要包括示廓灯(小灯)、转向灯、危险报警灯、制动灯、倒车灯及喇叭等，具体的种类与功能见表 5.2。

表 5.2　信号系统的种类与功能

种　类	功　能
示廓灯	安装在汽车前部和后部，用于夜间或光线昏暗路面上行驶或停车时，标识车辆的轮廓或位置
转向灯	安装在汽车前部、后部和有侧面(或后视镜上)，其作用是指示汽车的运行方向
危险报警灯	安装在汽车前部、后部和侧面，用于监视汽车的异常状况
制动灯	安装在汽车后面，其作用是在汽车制动停车或制动减速行驶时，向后车发出灯光信号，以警告后车，防止追尾
倒车灯	安装在汽车后面，其作用是向其他车辆发出倒车信号，并在夜间倒车时为车辆提供照明

5.2.2　转向信号装置和危险报警装置

为指示车辆的行驶方向，汽车上均装有转向信号灯。当汽车要驶离原方向时，需接通左侧或右侧转向信号灯，左边或右边的前、后转向信号灯闪烁发光，以提醒其他车辆；转向后，回转方向盘，控制装置可自动使转向开关回位，转向灯熄灭。转向信号装置一般应具有一定的频闪，我国国标规定为 60~120 次/min。

99

汽车在行驶中,如遇到危险情况,可使前、后、左、右转向灯同时发出闪光,作为危险警报信号。

(1)转向信号装置的组成

转向信号装置一般由转向灯开关、转向信号灯和闪光器等组成,其中闪光器是主要器件。

1)转向灯开关

现代汽车的转向灯开关都包含在组合开关内,用来控制转向灯电路的接通,其结构如图5.13所示。左侧开关为前照灯及转向灯开关,转向灯开关有 L,OFF 与 R 3 个位置。

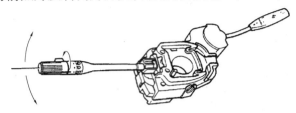

图 5.13 转向灯开关

转向灯开关均为自动复原式,开关向顺时针方向扳动时为右转,向逆时针方向扳动时为左转。汽车转弯后,转向盘开始回转时,转向灯开关自动复原至 OFF 位置,驾驶员不必在转弯后再将转向灯开关拨回。

2)转向信号灯

转向信号灯也称为转向灯,它分装在车身前端和后端的左右两侧,在汽车转弯时开启,主要用来提醒交通警察、行人和其他驾驶员。为了在白天能引人注目,转向信号灯电路中装有转向信号闪光器,使转向信号灯光发生闪烁。

3)闪光器

闪光器的作用是使转向信号灯按照一定时间间隔闪烁的器件,主要有翼片式、电容式、电子式。其中,电子式闪光器具有性能稳定、可靠性高、寿命长的特点,已获得广泛应用。

①翼片式。翼片式闪光器是利用电流的热效应,以热条的热胀冷缩为动力,使翼片产生突变动作,接通和断开触点,使转向信号灯闪烁。根据热胀条受热情况的不同,可分为直热式和旁热式两种。

a.直热式。直热式闪光器主要由翼片、热胀条、活动触点、固定触点及支架等组成。其工作原理如图5.14所示。转向灯开关未接通时,活动触点在热胀条拉力作用下与固定触点接触。转向灯开关接通时,转向灯亮,同时热胀条受热伸长,伸长到一定程度时,翼片绷直,将触点拉开,转向灯灭。热胀条冷却后,触点闭合,转向灯亮。

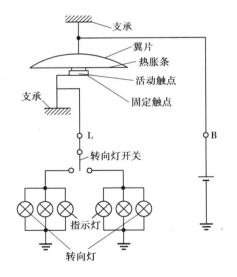

图 5.14 直热式闪光器

b.旁热式。旁热式闪光器主要由热胀条、电热丝、闪光器、动静触点等组成。其工作原理如图5.15所示。转向开关未接通时,活动触点在热胀条拉力作用下与固定触点接触。

转向开关接通时,电热丝先通电,热胀条受热伸长后,一片张开,触点接通,转向灯亮,热胀条冷却缩短,又将触点拉开,转向灯灭。

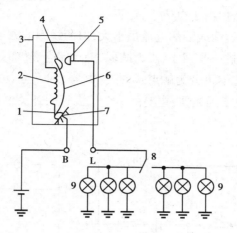

图 5.15　旁热式闪光器

1—热胀条;2—电热丝;3—闪光器;4—动触点;5—静触点;6—翼片;
7—支架;8—转向灯开关;9—转向信号灯及转向指示灯

②电容式。电容式闪光器主要由一个继电器和一个电容器组成。在继电器的铁芯上绕有串联线圈和并联线圈,电容器采用大容量的电解电容器。电容式闪光器是利用电容器充、放电延时特性,使继电器的两个线圈产生的电磁吸力时而相加、时而相减,继电器便产生周期性的开关动作,从而使转向信号灯闪烁。

电容式闪光器的工作原理如图 5.16 所示。转向开关未接通时,触点在弹簧片弹力作用下处于闭合状态。

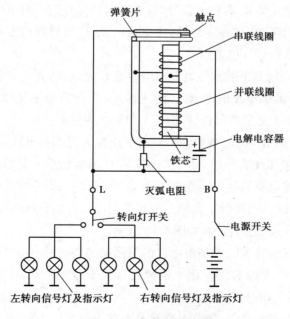

图 5.16　电容式闪光器

转向开关接通后,串联线圈通电,同时转向灯亮,当串联线圈的磁力可将触点断开时,转向灯熄灭,并联线圈开始充电,但由于电流小,灯不亮。

并联线圈充电初期,通过两线圈的电流虽不大,但两线圈的磁场方向相同,触点仍断开,当电容两端电压升高后,电流进一步减小,磁力减弱,触点闭合,转向灯亮。

③电子式。电子式闪光器可分为触点式(带继电器)和无触点式(不带继电器)。

a.带继电器的有触点电子闪光器:主要由一个三极管的开关电路和一个继电器组成,如图5.17所示。

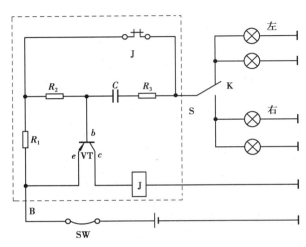

图 5.17　带继电器的有触点电子闪光器

当汽车向右转弯时,接通电源开关 SW 和转向灯开关 K,电流流经电阻 R_1、继电器的常闭触点 J、接线柱 S、转向灯开关 K、右转向信号灯,右转向信号灯亮。当电流通过 R_1 时,在 R_1 上产生电压降,三极管 VT 因正向偏压而导通,集电极电流 IC 通过继电器 J 的线圈,使继电器常闭触点立即断开,右转向信号灯熄灭。

三极管 VT 导通的同时,VT 的基极电流向电容器 C 充电,随着电容器电荷的积累,充电电流逐渐减小,三极管 VT 的集电极电流 IC 也随之减小,当此电流不足以维持衔铁的吸合而释放时,继电器的常闭触点 J 又重新闭合,转向信号灯再次发亮。

这时电容 C 通过电阻 R_2、继电器的常闭触点 J、电阻 R_3 放电。放电电流在 R_2 上产生的电压降又为 VT 提供正向偏压使其导通。这样,电容器 C 不断地充电和放电,三极管 VT 也就不断地导通与截止,控制继电器的触点反复地闭合、断开,使转向信号灯发出闪光。

b.全晶体管式(无触点)闪光器。无触点闪光器利用电容器放电延时的特性。利用三极管 VT_1 的导通和截止来达到闪光的目的,如图5.18所示。

接通转向开关后,三极管 VT_1 的基极电流由两路提供,一路经电阻 R_2,另一路经 R_1 和 C,使 VT_1 导通,在其导通时,VT_2 和 VT_3 组成的复合管处于截止状态。由于 VT_1 的导通电流很小,仅 60 mA 左右,故转向信号灯暗。

与此同时,电源对电容器充电,随着电容器 C 两端电压升高,充电电流减小,VT_1 的基极电

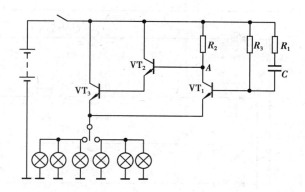

图 5.18   全晶体管式闪光器

流减小,使 VT_1 由导通变成截止。这时 A 点电位升高,当其电位达到 1.4 V 时, VT_2 和 VT_3 导通,于是转向信号灯亮。

此时电容器 C 经过 R_1 和 R_2 放电,放电时间为灯亮时间。C 放完电,接着又充电, VT_1 再次导通使 VT_2 和 VT_3 截止,转向信号灯又熄灭, C 的充电时间为灯灭的时间。如此反复,使转向信号灯发出闪光。改变 R_1 和 R_2 的电阻值与 C 的大小以及 VT_1 的 β 值,即可改变闪光频率。

（2）危险报警装置的组成

危险警报灯又称为双闪灯,它与转向信号灯共用同一套灯具。当车辆在路面上遇到紧急情况需要处理时,按下危险警报开关(图 5.19),全部转向灯同时闪烁,提醒后方车辆避让。

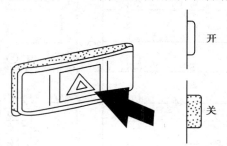

图 5.19   危险警报开关

（3）转向信号装置与危险报警装置的电路

以 BYD F3 为例,介绍转向信号装置与危险报警装置的电路原理,如图 5.20 所示。

1）转向信号装置的电路

转向信号电路的特点:转向信号灯电路的接通是受点火开关和转向开关控制;转向灯的闪烁是靠闪光器控制;闪光器串联在转向信号电路中。

左转向灯的电路:当点火开关打至 ON 挡时,电流从蓄电池、主电源保险丝、点火开关保险丝、点火开关、点火继电器线圈端到搭铁。点火继电器开关闭合,则电流从蓄电池、主电源保险丝、点火继电器开关端、仪表保险丝、闪光继电器(1 号)、闪光继电器(5 号)到搭铁。此时,闪光继电器(2 号)端接通,左转向灯亮。

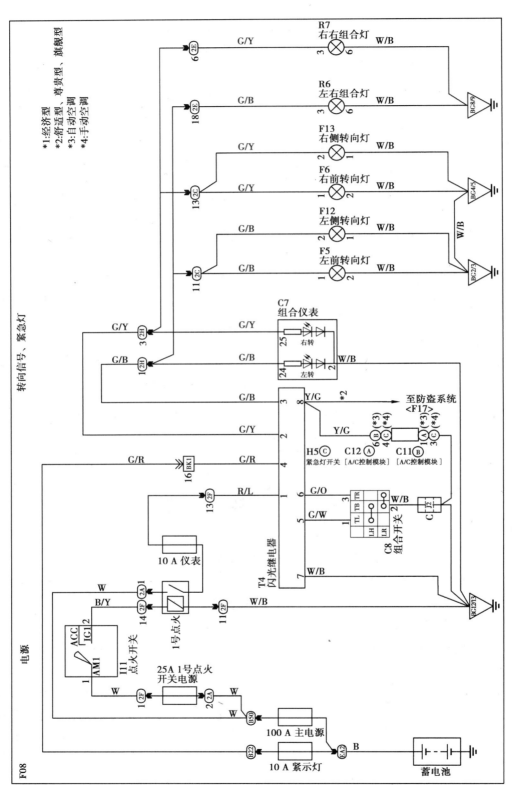

图5.20 转向信号装置与危险报警装置的电路

右转向灯的电路:当点火开关打至 ON 挡时,电流从蓄电池、主电源保险丝、点火开关保险丝、点火开关、点火继电器线圈端到搭铁。点火继电器开关闭合,则电流从蓄电池、主电源保险丝、点火继电器开关端、仪表保险丝、闪光继电器(1 号)、闪光继电器(6 号)到搭铁。此时,闪光继电器(3 号)端接通,右转向灯亮。

2)危险报警装置的电路

危险报警信号电路:一般把报警系统归入转向信号电路内,与转向电路共用一个闪光器。当报警电路接通后,所有的转向灯同时闪烁,且不受点火开关控制。

危险报警灯的电路:当点火开关打至 ON 挡时,电流从蓄电池、主电源保险丝、点火开关保险丝、点火开关、点火继电器线圈端到搭铁。点火继电器开关闭合,则电流从蓄电池、主电源保险丝、点火继电器开关端、仪表保险丝、闪光继电器(1 号)、闪光继电器(8 号)到搭铁。此时,闪光继电器(2 号和 3 号)端接通,左右转向灯均亮。

5.2.3　制动信号装置

(1)制动信号装置的功能与分类

汽车制动时,制动信号装置通过装在汽车后部的制动信号灯来表示制动信号。其主要由制动信号灯、制动信号开关等组成。

制动信号灯由制动开关控制,因控制的方式不同可分为气压式、液压式和机械式 3 种。

1)气压式

气压式制动灯开关通常用于载货汽车上,一般装在制动管路中,利用管路中的气压使开关中两接线柱相连,从而导通制动信号灯的电路。图 5.21 为气压式制动信号灯开关的结构图。制动时,制动管路中的空气推动橡胶膜片上拱,使触点闭合,接通制动灯电路。

2)液压式

图 5.22 为液压式制动信号灯开关的结构图。用于采用液压制动系统的汽车上,装在液压制动缸的前端,其工作原理与气压式基本相同。

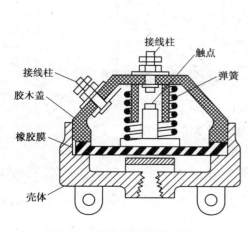

图 5.21　气压式制动灯开关

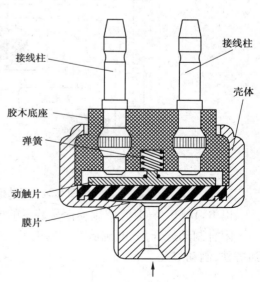

图 5.22　液压式制动信号灯开关

3)机械式

机械式制动开关一般安装在制动踏板的下方,如图5.23所示。当踩下制动踏板时,制动开关内的活动触点使两个接线柱接通,制动灯亮。松开制动踏板后,断开制动灯电路。

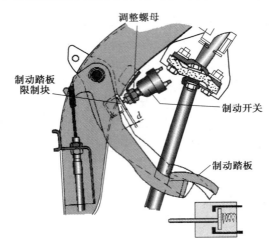

图 5.23　机械式制动开关

(2)制动信号装置的电路

图5.24为制动信号装置的电路原理图。等闭合点火开关时,电流从蓄电池正极、点火开关、保险丝、制动灯开关、制动灯到搭铁,制动信号灯亮。

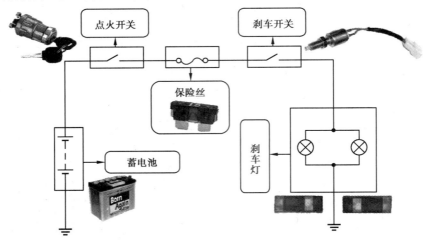

图 5.24　制动信号装置的电路原理图

以BYD F3为例,介绍制动信号装置的电路原理,如图5.25所示。

闭合制动灯开关,电流从蓄电池正极、主电源保险丝、制动灯保险丝、制动灯开关、制动灯到搭铁,制动灯亮。

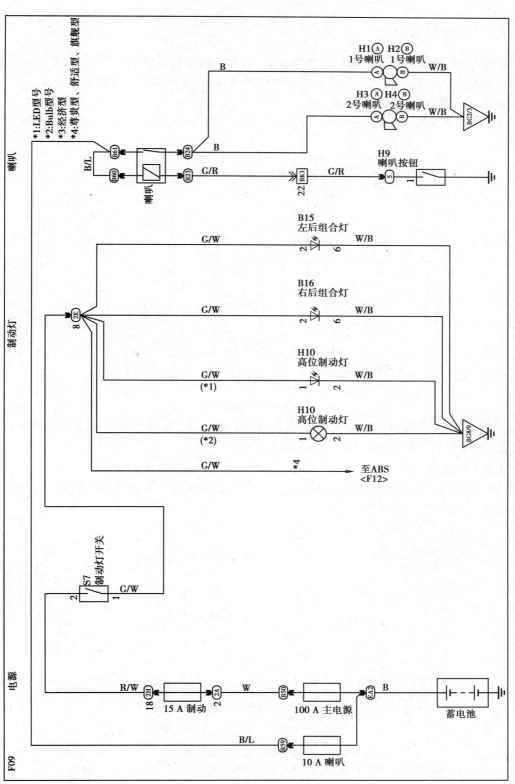

图5.25　制动信号装置的电路

107

5.2.4 倒车信号装置

汽车倒车时,为了提示车后的行人和驾驶员,也为了给司机提供额外照明,使其能够在夜间倒车时看清车的后部。在汽车的后部常装有倒车灯、倒车蜂鸣器或语音倒车报警器,它均由装在变速器盖上的倒车开关自动控制。

汽车倒车信号装置由倒车开关、倒车蜂鸣器(或语音倒车报警器)和倒车灯组成,如图5.26所示。

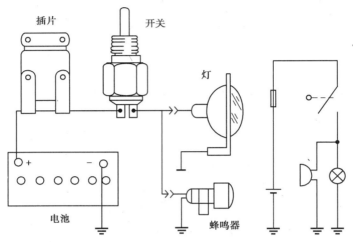

图 5.26　汽车倒车信号装置

其工作过程是:当变速杆挂入倒挡时,在拨叉轴的作用下,倒挡开关接通倒车报警器和倒车灯电路,倒车灯亮,同时倒车蜂鸣器发出声响信号。

(1)倒车蜂鸣器

倒车蜂鸣器是一种间歇发声的音响装置,图 5.27 为倒车蜂鸣器的电路,其发音部分是一只功率较小的电喇叭。

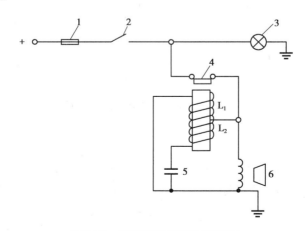

图 5.27　倒车蜂鸣器工作原理图

1—熔断丝;2—倒车灯开关;3—倒车灯;4—继电器触点;5—电容器;6—喇叭

倒车开关接通时,倒车灯 3 点亮,喇叭 6 发出声响,同时电流流过线圈 L_1 并经线圈 L_2 对电容器 5 进行充电。由于流过线圈 L_1 和 L_2 的电流大小相等,磁场方向相反,互相抵消,使线圈的电磁力减弱,继电器触点 4 保持闭合。随着电容器的充电,其两端的电压逐渐升高,使流入线圈 L_2 的电流减小以至消失,在线圈 L_1 的磁场作用下触点 4 打开,喇叭断电。电容器又通过线圈 L_1 和 L_2 放电,电流通过线圈产生电磁力,触点保持打开。当电容器两端的电压接近于零时,线圈的电磁力消失,触点重又闭合,喇叭又发出声响。如此反复,倒车蜂鸣器断续地发出声响。

(2)语音倒车报警器

当汽车倒车时,语音倒车报警器能重复发出"倒车,请注意"的声音,以此提醒过往行人或其他车辆的驾驶员注意避开车辆而确保车辆安全倒车。

(3)倒车雷达装置

倒车雷达装置是在倒车时起辅助报警功能,使倒车更加安全,倒车雷达安装位置,如图 5.28所示。

倒车雷达侦测器

图 5.28　倒车雷达安装位置

当驾驶员挂入倒挡后,倒车雷达侦测器进入自我检测。当自我检测通过后,就开始检测汽车后部障碍物,在汽车后部 50 cm 处检测到物体表面为 25 cm 以上的障碍物就会发出报警声,以提醒驾驶员注意。

【实训指导】

(1)任务描述

信号装置的电路识别。

(2)操作指引

1)组织方式

①场地设施:电气实训台。

②设备设施:蓄电池、实训台。

③工量具:数字万用表、导线等。

④耗材:棉纱、防护套等。

2)操作要点

①穿戴干净整洁的工作服。

②遵守场地安全规定,注意用电安全。

③正确使用拆装工具、数字万用表、测量仪器等工具。

(3)任务实施及工单

信号装置的电路识别					
学生姓名		学号		日期	
实训场地				课时	

(1)实训台基本信息

车型		年份		制造商	
实训车号		VIN 码			
燃油		蓄电池电压		里程	
机油数量		制动液数量		其余油液数量	

(2)计划与决策

1)本次任务:确定小灯、转向灯、危险报警灯、倒车灯、制动灯的电路。

2)根据任务要求,确定所需要的技术资料,并对小组成员进行合理分工。

①本次任务所需要的技术资料。

②本次任务所需要的检测仪器及常用工具。

③完成本次任务的安全注意事项。

④小组成员分工及小组成员具体任务分配。

姓 名	任务分配内容	备 注

⑤小组的讨论结果。

（3）实施
①蓄电池电压_____。
②转向灯电路。

③危险报警灯电路。

④小灯电路。

⑤倒车灯电路。

⑥制动灯电路。

（4）检查

实训台测量,灯是否亮_____（是/否）。若未亮,_____。

	可能故障部位	可能故障部位的检查记录
你认为有故障的部位检查及测量记录		
故障点确认及排除	故障点确认:	
	故障点排除方法说明:	
	验证故障是否排除　□已排除　　　　□未排除	

（5）总结

（4）任务评分

评分点	评分标准	配分/分	扣分/分
测试准备	①初次未进行简单、全面检查（目视）而直接使用实训台的,包括蓄电池电压、导线等,每项扣1分 ②未做基本防护的,每项扣1分 合计不超过10分	10	
人物安全	①初次连接电源,未请示老师的,扣3分 ②未警示同伴而直接连接电源的,每次扣2分 合计不超过5分	5	
设备使用	①工具、仪器、仪表和测试设备选择不合理的,每次扣1分 ②未做好工具、仪器、仪表和测试设备准备工作而直接进行测试的,每次扣1分 ③未正确连接仪器、仪表和测试设备到实训台的,每次扣1分 ④未正确操作车辆到测试条件而直接进行测试的,每次扣1分 ⑤测试设备操作不正确而没有读取出诊断信息的,每次扣1分 ⑥每次测试完成后,测试设备未合理归位的,每次扣1分 合计不超过20分	20	
交流	①测试目的不明确的,每次扣1分 ②诊断结论不正确的,每次扣2分 合计不超过10分	10	

续表

评分点	评分标准	配分/分	扣分/分
操作规范	①拆卸下的零部件未正确码放的,每次扣 0.5 分 ②测试完成后未正确恢复车辆的,每次扣 1 分 ③操作过程中,不符合相应操作规范的,每次扣 1 分 ④操作过程中对测试设备和实训台可能构成损坏而被老师制止的,每次扣 2 分 合计不超过 20 分	20	
团队协作	①出现队员闲置超过 3 min,每次扣 1 分 ②出现肢体碰撞的,每次扣 1 分 ③出现现场混乱的,扣 1 分 合计不超过 3 分	5	
现场整洁	①地面或工作台不洁的,扣 1 分 ②工具设备摆放凌乱的,扣 1 分 ③工具丢失或脱落的,扣 3 分 合计不超过 5 分	5	
报告	①未准确描述故障现象的,扣 3 分 ②诊断思路有问题的,扣 10 分 ③诊断结论错误的,扣 12 分 合计不超过 25 分	25	
合计		100	

【知识拓展】

汽车喇叭属于声响信号装置,主要用于警告行人和其他车辆,以引起注意,保证行车安全。喇叭按发音动力有气喇叭和电喇叭之分;按外形有螺旋形、盆形和筒形之分(图 5.29);按声频有高音和低音之分。

(a)螺旋形喇叭　　　　　(b)盆形喇叭　　　　　(c)筒形喇叭

图 5.29　喇叭类型

气喇叭是利用气流使金属膜片振动产生音响,外形一般为筒形,多用在具有空气制动装置的重型载重汽车上。电喇叭是利用电磁力使金属膜片振动产生音响,其声音悦耳,广泛使用于各种类型的汽车上。

电喇叭按有无触点可分为普通电喇叭和电子电喇叭。普通电喇叭主要是靠触点的闭合和断开来控制电磁线圈激励膜片振动而产生音响的;电子电喇叭中无触点,它是利用晶体管电路激励膜片振动产生音响的。

在中小型汽车上,由于安装的位置限制,多采用盆形电喇叭。盆形电喇叭具有体积小、质量小、指向好、噪声小等优点。

项目 **6**

汽车信息与通信系统的检修

学习导航

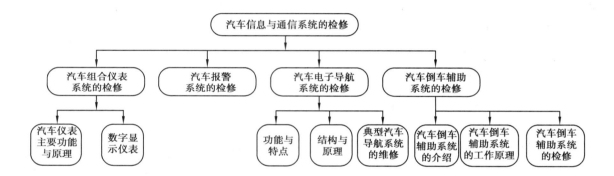

任务 6.1　汽车组合仪表系统的检修

【知识目标】

- 掌握仪表系统的组成及主要部件的作用和工作原理；
- 了解仪表系统的各主要部件在车上的安装位置；
- 了解仪表系统通用系统符号的含义。

【能力目标】

- 掌握仪表系统各部件在车上的拆装方法；
- 能够分析仪表系统的电路图；
- 正确分析仪表系统的故障原因并排除故障。

【相关知识】

　　汽车仪表反映车辆各系统的工作状况,以便驾驶员及时发现问题,避免不必要的事故发生。汽车仪表一般安装在驾驶室工作台、方向盘的前方台班上。

仪表系统主要由机油压力指示灯、发动机转速表、燃油表、冷却液温度表、车速里程表等组成。

6.1.1 汽车仪表主要功能与原理

(1)机油压力表

机油压力表用来显示发动机机油压力大小和发动机润滑系统工作是否正常。它由装在仪表板上的油压指示表和装在发动机主油道中或粗滤器上的机油压力传感器两部分组成。机油压力表最常用的为电热式油压表,通过机油压力传感器的信号,控制双金属片的变形量,带动机油压力表指针摆动。其结构与工作原理如图6.1所示。

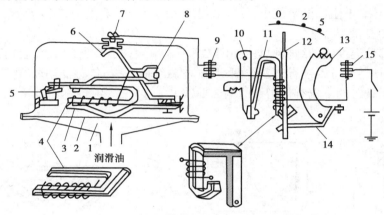

图 6.1 电热式油压表的结构与工作原理

1—机油腔;2—膜片;3—弹簧片;4—双金属片;5—调整齿轮;6—接触片;7—传感器接线柱;8—校正电阻;9,15—油压表接线柱;10,13—调节齿扇;11—双金属片;12—指针;14—弹簧片

机油压力传感器内部装有金属膜片,膜片下腔与发动机的主油道相通,发动机的机油压力直接作用到膜片上;膜片的上方压着弹簧片。弹簧片的一端与外壳固定并搭铁,另一端焊有触点。

机油压力表指针与双金属片的一端相连,在双金属片上绕有加热线圈。双金属片上绕着加热线圈,线圈两端分别与两接线柱相接。一接线柱与传感器相接,另一接线柱经点火开关与电源相接。

当点火开关闭合时,机油压力表的电路为蓄电池正极→点火开关→机油压力表接线柱→机油压力表内双金属片的加热线圈→接线柱→接触片→传感器内双金属片上的加热线圈→触点→弹簧片→搭铁。电流通过双金属片的加热线圈时,就会使双金属片受热变形。

如果油压很低,传感器内的膜片变形很小,这时作用在触点上的压力就很小。电流通过时,温度略有上升,双金属片稍有变形时,就会使触点分开,切断电路。经过稍许时间后,双金属片冷却伸直,触点又闭合,线圈再次通电发热,双金属片变形,很快触点又分开,如此循环,触点在不断开闭的状态下工作。但由于机油压力低,触点压力小,极易分开,因而触点打开时间长,闭合时间短,使电路中的平均电流值小,所以双金属片受热变形小,指针的偏转角度小,指示低油压。

当油压升高时,膜片向上拱曲,触点压力增大,使双金属片向上拱曲。这就需要加热线圈通电时间长,双金属片有较大的变形,触点才能打开,而分开后,稍一冷却,触点就闭合。因此在油压升高时,触点打开时间短,闭合时间长,平均电流值大,使得双金属片受热变形量增大,指针偏转角度增大,指示高油压。

发动机正常工作时,机油压力表的指示为低速时不小于 1.5 MPa,高速时不大于 5 MPa。

(2)冷却液温度表

冷却液温度表用来显示发动机冷却液的工作温度,可分为电热式、电磁式和电子式 3 种。

1)电热式冷却液温度表

电热式冷却液温度表的结构原理,如图 6.2 所示,图中的冷却液温度传感器使用热敏电阻。当冷却液温度低时,热敏电阻的电阻值大,冷却液温度表指针指向刻度 C,表示低温;当冷却液温度高时,热敏电阻的电阻值小,冷却液温度表指针指向刻度 H,表示高温。

2)电磁式冷却液温度表

电磁式冷却液温度表的结构原理,如图 6.3 所示。电磁式冷却液温度表内有互成一定角度的两个铁芯,铁芯上分别绕有电磁线圈,其中电磁线圈 L_1 与传感器串联,电磁线圈 L_2 与传感器并联。两个铁芯的下端有带指针的偏转衔铁。

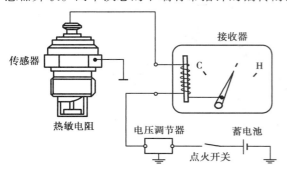

图 6.2　电热式冷却液温度表的结构原理

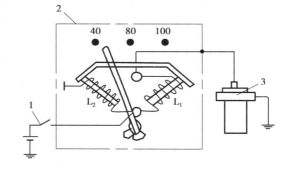

图 6.3　电磁式冷却液温度表的结构原理
1—点火开关;2—冷却液温度表;3—冷却液温度传感器

电磁式冷却液温度表配用热敏电阻式冷却液温度传感器,当冷却液温度低时,由于热敏电阻传感器的阻值大,因此电磁线圈 L_2 中的电流小,而电磁线圈 L_1 中的电流大,磁场强,吸引衔铁使指针指向低温;当冷却液高时,由于热敏电阻传感器的阻值减小,流经电磁线圈 L_2 的电流增大,磁场增强,吸引衔铁逐渐向高温方向偏转,使指针指向高温。

当冷却液温度高于规定值时,冷却液温度传感器向冷却液温度报警灯电路提供报警信号,使冷却液温度报警灯点亮,以提醒驾驶员注意。

3)电子式冷却液温度表

电子式冷却液温度表由可变电阻器(冷却液温度传感器)、处理器(计算机)和显示器组成,如图 6.4 所示。

当冷却液温度低时,负温度系数(NTC)的冷却液温度传感器电阻高,流过的电流小,传感器两端的电压高,模拟/数字转换器将高电压信号转换为数字信号,传给微处理器,微处理器再送出信号给输出驱动器,使显示器显示出 75 ℉(23.9 ℃)的冷却液温度,如图 6.4(a)所示;反之,当冷却液温度逐渐升高时,因 NTC 型冷却液温度传感器电阻逐渐降低,流过的电流逐渐变

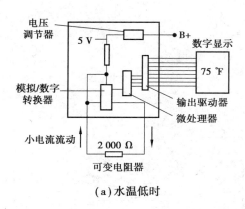
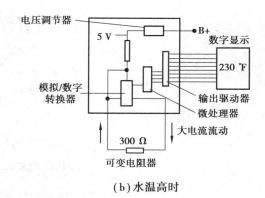

（a）水温低时　　　　　　　　　　　（b）水温高时

图 6.4　电子式冷却液温度表

大,因此传感器两端电压逐渐变低,故冷却液温度的显示会逐渐升高,达 230 ℉(110 ℃),如图 6.4(b)所示。

(3)燃油表

燃油表用于指示汽车油箱中的存油量,由装在油箱中的传感器和组合仪表中的燃油表组成,油量传感器如图 6.5 所示。燃油表有电热式、电磁式和电子式 3 种。

1)电热式燃油表

电热式燃油表利用热偶片弯曲拉动仪表的指针,以指示正确读数,其构造简单,成本低。

电热式燃油表的结构如图 6.6 所示。传感器装在油箱内,油箱中的浮筒随油量的多少而升降,经过连杆使传感器中的电阻值发生变化。当油箱油量少时,浮筒降到下面位置,传感器的电阻变大,电流由蓄电池→点火开关→电压调节器→燃油表接收器电热线→传感器电阻→搭铁。因电阻值大,通过热偶片电热线的电流小,产生热量少,热偶片弯曲量少,指针指在 E(无油)附近。

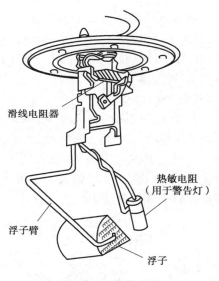

图 6.5　油量传感器

当油箱油满时,浮筒升到上面位置,传感器的电阻减到最小,流过热偶片的电流增大,产生热量多,热偶片弯曲最大,指针指在 F(满油)附近。

2)电磁式燃油表

电磁式燃油表是利用线圈产生的电磁力使燃油表指针转动以显示燃油量的显示装置,如图 6.7 所示。

燃油表指针与一个磁性转子相连,在磁性转子的外面按 4 个方向绕上线圈。相邻两线圈之间的夹角为 90°。当线圈有电流通过时,4 个线圈在 4 个方向上产生磁场,合成为某一方向的磁场,使磁性转子处于一定的位置。当电流发生变化时,合成磁场的方向也发生变化,从而使得磁性转子的位置发生变化,同时指示相应的燃油量值。在转子下面的空隙里填满了硅酮油,以防止车辆振动而造成指针震颤。

117

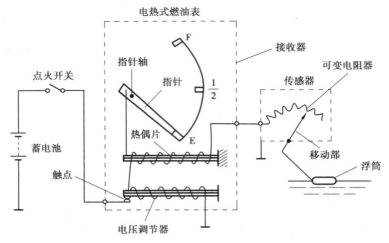

图 6.6 电热式燃油表可变电阻传感器的构造与作用

线圈具体的缠绕方向及连接关系,如图 6.8 所示,线圈 L_1 与线圈 L_3 在同一轴向产生 A 方向及 C 方向(相差 180° 方向)的磁力,线圈 L_2 及线圈 L_4 与线圈 L_1 及线圈 L_3 成 90° 方向,产生 B 方向及 D 方向(相差 180° 方向)的磁力。

在交叉的线圈中通入电流,则转子因受各线圈磁力线的影响而产生转动,使装在上面的指针摆动。若传感器的电阻值 R_S 发生变化,则电压 V_S 也发生变化,电流 I_1 和 I_2 的大小也发生变化,各线圈所产生磁力线的强度也发生变化。

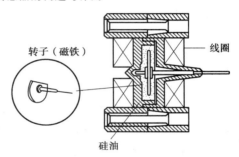

图 6.7 电磁式仪表断面

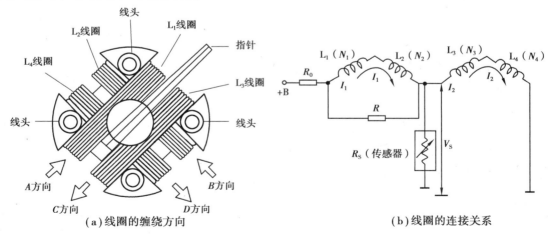

(a)线圈的缠绕方向　　　　(b)线圈的连接关系

图 6.8 电磁式燃油表电路

3)电子式燃油表

电子式燃油表是以仪表计算机处理数据来显示燃油量的,其外形如图 6.9 所示。

电子式燃油表由传感器、处理器及显示器组成,如图 6.10 所示。处理器是计算机的一种主要设备器件,仪表计算机也可称为车身计算机或车身控制模块。

燃油箱可变电阻式传感器(信号器)产生模拟信号,模拟/数字转换器将模拟信号转换为二进位数或称二进制代码的信号给微计算机,经微计算机处理后将数字信号送给仪表板内电路,从而显示出燃油存量。

图 6.9　电子式燃油
表的外形

无论使用何种类型的燃油表,都装有燃油量不足报警灯,当燃油量少于规定值时,红色报警灯点亮,以提醒驾驶员注意加油,防止损坏燃油泵。

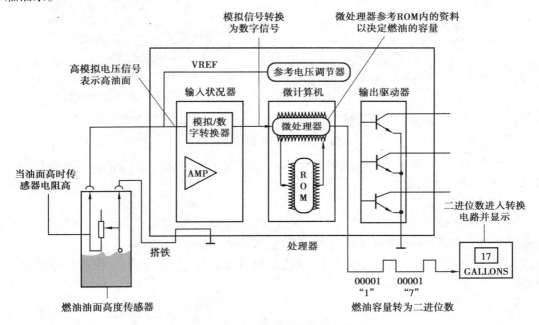

图 6.10　电子式燃油表的组成及作用

(4)车速里程表

车速里程表用于显示汽车行驶的速度,按其工作原理的不同可分为机械式车速表和电子式车速表。

1)机械式车速表

机械式车速表为电磁式,其构造如图6.11所示,由变速器输出轴带动的软轴所驱动。车速表指针的指示是因软轴带动磁铁旋转时,使转盘也发生旋转力,此旋转力与游丝弹簧的弹力平衡时指针指示在一定位置。

旋转磁铁之所以使转盘转动,其原理是把导体置于旋转磁场中,导体便感应产生电流,从而产生与旋转磁场同方向转矩。旋转

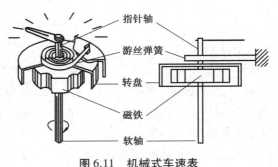

图 6.11　机械式车速表

119

磁铁是永久磁铁产生的磁力线,由 N 极发出,切割转盘后回到 S 极。当旋转磁铁顺时针旋转时,转盘不动,由相对运动可假定旋转磁铁不转,而转盘以逆时针方向切割磁力线,如图 6.12 (a)所示,根据右手定则可知,在靠近 N 极处的电流向下流,靠近 S 极的电流向上流;再根据左手定则可知,在磁场中的转盘,当有电流发生后,会产生顺时针方向旋转的作用,如图 6.12(b)所示。所以旋转磁铁旋转时,转盘会随着产生同方向的旋转。

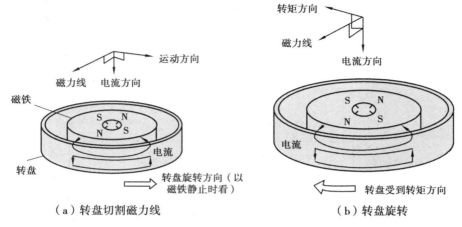

图 6.12　车速表的作用原理

转盘的旋转力与旋转磁铁的旋转速度(即车速)成正比,而游丝弹簧的力与此旋转力平衡时,便决定了指针的指示位置。

2)电子式车速表

电子式车速表由车速传感器(VSS)、处理器和指针式车速表组成,如图 6.13 所示。车速传感器采用电磁式,为一种小型的交流(AC)信号产生器,由变速器输出轴驱动,当汽车行进时,VSS 产生的电压信号与车速成正比,送给处理器放大、计算及处理后,使指针摆动以显示速度。

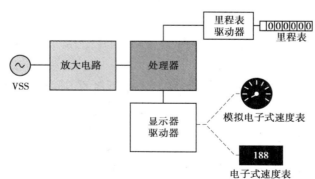

图 6.13　电子式车速表的组成

电子式车速表与机械式车速表的不同点为不使用机械式的软轴,而是利用 VSS 及处理器的电子控制作用。现在汽车多采用电子式车速表。

(5)里程表

里程表用来显示汽车累计行驶的总里程数和短距离里程数,按其工作原理的不同可分为机械式里程表和机械电子式里程表。

1）机械式里程表

机械式里程表的结构如图6.14所示。里程表是以车速表旋转磁铁的驱动软轴来驱动特殊的齿轮，带动计数环计算行驶里程的，如图6.15所示。总里程表通常有5个计数环，末位数每转一圈代表汽车行驶1 km。现代汽车的全程表的最右侧通常再附一组白底黑字，每一数字代表1/10 km的计数环。

短程表通常为3位数，随时可以用归零装置，使每个计数环都回到0位。

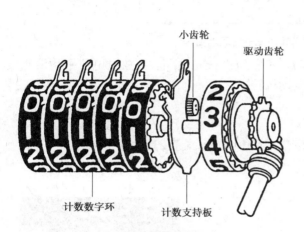

图6.14　机械式里程表的结构

图6.15　里程表的驱动齿轮

2）机械电子式里程表

机械电子式里程表由车速传感器（VSS）、处理器及步进电机与机械式里程表组成。VSS信号送给处理器，处理器控制步进电机作用，使机械式里程表显示正确的数字。步进电机与机械式里程表的组合，如图6.16所示。

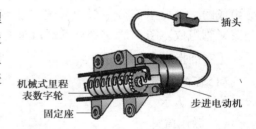

图6.16　机械电子式里程表

（6）发动机转速表

发动机转速表用于指示发动机的运转速度，使驾驶员了解发动机的运转状况，避免发动机超速运转。发动机转速表有机械式和电子式两种。电子式转速表由于结构简单、指示精确、安装方便，因此被广泛应用。

电子式发动机转速表获取转速信号的方式有3种：从点火系统获取脉冲电压信号、从发动机的转速传感器获取转速信号和从发电机获取转速信号。图6.17为发动机转速表电路原理图，汽油发动机电子式转速表都是以点火系统的初级电路为出发信号。

当点火控制器使初级电路导通时，晶体管VT处于截止状态，电容C_2被充电。其充电电路为蓄电池正极、R_3、C_2、VD_2到蓄电池负极。

当点火控制器使初级电路截止时，晶体管VT的基极得正电位而导通，此时C_2便通过导通的VT、电流表A和VD_1构成放电回路，从而驱动电流表。

当发动机工作时，初级电路不断地导通、截止，其导通、截止的次数与发动机转速成正比。

121

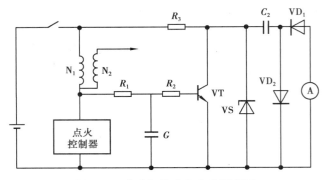

图 6.17　发动机转速表电路原理图

所以当初级电路不断地导通、截止时,对电容 C_2 不断地进行充、放电,其放电电流平均值与发动机转速成正比,于是将电流平均值标定成发动机转速。

6.1.2　数字显示仪表

为满足汽车性能提高的要求,现代汽车广泛采用电子显示装置,其优点如下:

①能提供大量、复杂的图文信息。

②结构简单、质量小、安装布置方便。

③信息显示灵敏性、即时性好。

④显示精度高、故障率低。

⑤具有一表多用的功能。

数字式仪表是由各种传感器、控制单元和显示器三大部分组成的。而显示部分一般由发光二极管、液晶显示器和真空荧光管组成。图 6.18 为荣威 550 汽车的仪表板。

图 6.18　荣威 550 汽车的仪表板

【实训指导】

(1)任务描述

仪表盘指示灯均不工作。

(2)操作指引

1)组织方式

①场地设施:举升机 1 台。

②设备设施:自动挡捷达轿车。

③工量具:汽车拆卸工具、数字万用表等。

④耗材:棉纱、防护套等。

2)操作要点

①穿戴干净整洁的工作服。

②遵守场地安全规定,注意用电安全。

③正确使用拆装工具、数字万用表、测量仪器等工具。

（3）任务实施及工单

仪表盘指示灯均不工作					
学生姓名		学号		日期	
实训场地				课时	

（1）车辆基本信息

车型		年份		制造商	
实训车号		VIN 码			
燃油		蓄电池电压		里程	
机油数量		制动液数量		其余油液数量	

（2）计划与决策

1）本次任务：确定仪表盘指示灯均不工作的维修方案。

2）根据任务要求，确定所需要的技术资料，并对小组成员进行合理分工。

①本次任务所需要的技术资料。

②本次任务所需要的检测仪器及常用工具。

③完成本次任务的安全注意事项。

④小组成员分工及小组成员具体任务分配。

姓 名	任务分配内容	备 注

⑤小组的讨论结果。

（3）实施
①蓄电池电压_____。
②进入车内,点火开关选择至 ON 挡,仪表工作状况_____。
③具体实施方案。

④对检查结果进行分析、判断,得出结论。
故障点_____;故障原因_____;结论_____。

（4）检查
试车,故障_____。（未排除/已排除）

（5）总结

（4）任务评分

评分点	评分标准	配分/分	扣分/分
测试准备	①初次未进行简单、全面检查(目视)而直接启动发动机的,包括蓄电池电压、冷却液、制动液、润滑油,每项扣 1 分 ②未安装挡块、尾气抽排设备、翼子板布、座套、方向盘套的,每项扣 1 分 ③驾驶员侧车窗玻璃未降落的,扣 1 分 合计不超过 10 分	10	
人物安全	①初次启动发动机,未请示老师而直接启动发动机的,扣 3 分 ②未警示同伴而直接启动发动机的,每次扣 2 分 合计不超过 5 分	5	

续表

评分点	评分标准	配分/分	扣分/分
设备使用	①工具、仪器、仪表和测试设备选择不合理的,每次扣 1 分 ②未做好工具、仪器、仪表和测试设备准备工作而直接进行测试的,每次扣 1 分 ③未正确连接仪器、仪表和测试设备到车辆的,每次扣 1 分 ④未正确操作车辆到测试条件而直接进行测试的,每次扣 1 分 ⑤测试设备操作不正确而没有读取出诊断信息的,每次扣 1 分 ⑥每次测试完成后,测试设备未合理归位的,每次扣 1 分 合计不超过 20 分	20	
交流	①测试目的不明确的,每次扣 1 分 ②诊断结论不正确的,每次扣 2 分 合计不超过 10 分	10	
操作规范	①拆卸下的零部件未正确码放的,每次扣 0.5 分 ②测试完成后未正确恢复车辆的,每次扣 1 分 ③操作过程中,不符合相应操作规范的,每次扣 1 分 ④操作过程中对测试设备和车辆可能构成损坏而被老师制止的,每次扣 2 分 合计不超过 20 分	20	
团队协作	①出现队员闲置超过 3 min,每次扣 1 分 ②出现肢体碰撞的,每次扣 1 分 ③出现现场混乱的,扣 1 分 合计不超过 5 分	5	
现场整洁	①地面或工作台不洁的,扣 1 分 ②工具设备摆放凌乱的,扣 1 分 ③工具丢失或脱落的,扣 3 分 合计不超过 3 分	3	
环保意识	启动车辆未连接尾气排放装置的,扣 2 分	2	
报告	①未准确描述故障现象的,扣 3 分 ②诊断思路有问题的,扣 10 分 ③诊断结论错误的,扣 12 分 合计不超过 25 分	25	
合计		100	

任务 6.2　汽车报警系统的检修

【知识目标】

• 掌握报警系统的组成及主要部件的作用及工作原理;

- 了解报警系统的各主要部件在车上的安装位置；
- 了解报警系统通用系统符号的含义。

【能力目标】

- 能够分析报警系统的电路图；
- 正确分析报警系统的故障原因并排除故障。

【相关知识】

汽车仪表指针指示的刻度对一般汽车驾驶员并不具有特别的报警作用,因此应改为以警示性、直观性高的灯光来取代仪表。当汽车各系统有故障时,红灯或黄灯亮,提醒驾驶员注意;做指示用时,则采用绿灯或蓝灯。现代汽车仪表板的警告及指示灯,常用 LED 照明。图6.19为现代汽车仪表板上的各种警告灯及指示灯。图 6.20 为常用报警灯图形符号。

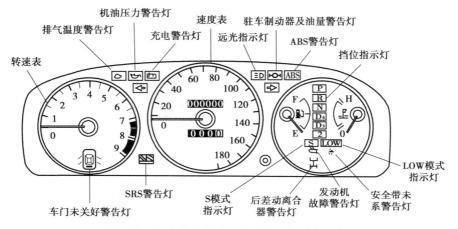

图 6.19　汽车仪表板上的各种警告灯及指示灯

燃油	水温	油压	充电指示	转向指示灯	远光
近光	雾灯	手制动	制动失效	安全带	油量
示廓灯	真空度	驱动指示	发动机室	后备厢	停车灯
危急报警	风窗除霜	风机	刮水/喷水器	刮水器	喷水器
车灯开关	阻风门	喇叭	点烟器	后刮水器	后喷水器

图 6.20　常用报警灯图形符号

（1）机油压力警告灯

当驾驶员打开点火开关时,警告灯亮;启动发动机,机油压力达到规定值时,警告灯熄灭。油压低于规定值时,警告灯亮,表示机油压力不足,须立刻停车检查。

图 6.21 为机油压力警告灯系统的组成,由装在仪表板上的警告灯及装在发动机主油道的压力开关组成。

当机油压力低于规定值时,弹簧将膜片向下推,使接点闭合,警告灯亮;当机油压力高于规定值时,油压克服弹簧力,将膜片上推,使接点分开,警告灯熄。

（2）燃油不足警告灯

汽油残量警告灯,当油箱汽油的存量少于规定值时,打开点火开关,则警告灯点亮。图6.22为其电路,油箱的油面开关为热敏电阻制成,利用空气与汽油热传导率及热敏电阻的负温度特性来控制警告灯的作用。

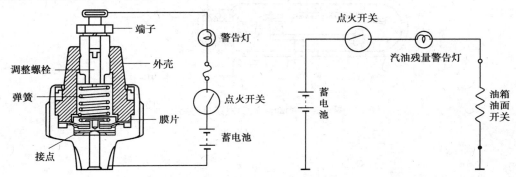

图 6.21   机油压力警告灯系统的组成   图 6.22   汽油残量警告灯电路

当开关浸在油中时,温度低,电阻阻值大,灯熄。当开关露出油面时,温度高,电阻阻值小,灯亮。

图 6.23 为热偶片式油面开关的汽油残量警告灯电路。

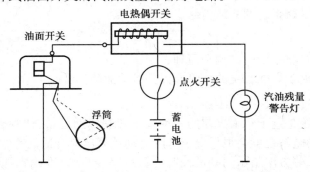

图 6.23   热偶片式油面开关的汽油残量警告灯电路

汽油残量警告灯由油面开关及电热偶开关组成,平时两接点均分开,故点火开关打开时灯不亮。如油箱中的油面低于规定值时,浮筒臂使油面开关的接点闭合,闭合后,电经电热偶开关的电热丝搭铁,加热使热偶片弯曲,闭合,使警告灯点亮。

（3）制动液不足警告灯

制动液不足警告灯的作用是当制动液液面过低时,发出报警信号,以提醒驾驶员注意。制动液不足报警装置由报警开关和警告灯组成。报警开关安装在制动总泵液罐内。此报警开关适用于冷却液、风窗玻璃清洗液等液面过低警告灯的控制电路,区别仅在于报警开关的安装位置不同。

(4)冷却液温度报警灯

冷却液温度报警灯的作用是当冷却液温度升高至一定限度时,报警灯自动点亮,以示报警。其电路图如图 6.24 所示。在传感器的密封套管内装有条形双金属片,其自由端焊有动触点,而静触点直接搭铁。当温度升高至 95~98 ℃时,由于双金属片膨胀系数的不同,向静触点方向弯曲,一旦两触点接触,便接通报警灯电路,红色报警灯点亮。

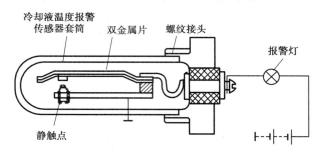

图 6.24　冷却液温度报警灯电路

任务 6.3　汽车电子导航系统的检修

【知识目标】

- 了解汽车电子导航系统的特点、组成和功能;
- 熟悉汽车电子导航系统的结构和原理;
- 掌握汽车电子导航系统的故障检修。

【能力目标】

- 掌握汽车电子导航系统的结构和原理;
- 正确分析汽车电子导航系统的故障原因并排除故障。

【相关知识】

汽车电子导航系统是近十年来兴起的一种汽车驾驶辅助设备,驾驶者只要通过检索设定或输入目的地,车载导航系统就会根据电子地图自动计算出最合适的路线,并在车辆行驶中通过语音提示、图像显示等方法指示驾驶员按照计算的路线行驶,准确掌握前往目的地的路线。汽车电子导航系统具有 GPS 全球卫星系统定位的功能,便于驾驶者在驾驶时随地知晓自己的确切位置。

6.3.1　汽车电子导航系统的功能与特点

(1)汽车电子导航系统的功能

汽车电子导航系统的各种功能因制造厂商不同,其功能也各不相同,包括基本功能和可选功能两种。基本功能主要有:

①对目的地进行最佳路线检索。该系统可以直接输入地名、电话号码进行路线检索,并能快捷地提供一条到达目的地的最佳路线,还能实时获得汽车自身所在位置和目的地的坐标,以及全部行驶的直线距离、速度、时间和前进的方向。

②具有瞬时再检索功能。由于道路堵塞、路段施工或走错了路等意外情况,对系统所推荐的最佳路线行不通时,要有瞬时自动再检索功能,提供出新的路线可行性。

③为检索方便应提供丰富的菜单和记录功能。整个系统必须建立十分丰富的地名索引。

④在适当时间内提供实时语音提示。使驾驶员事先了解行驶中路面变化情况,例如,一般道路在 300~700 m 之前,高速公路在 2 000 m、1 000 m、500 m 之前(按当前行驶速度)分别向驾驶员说明前方路面情况及可更改的方向、十字交叉路口名称及禁止左拐等,禁止驶入的单行线等导引提示。

⑤扩大十字路口周围建筑物和交通标志功能。凡行驶在交叉十字路口前 300 m 处,高速公路进出口前 300 m 处,都要自动显示扩大了的十字路口附近全画面图,指出汽车位置、交叉点的名称、拐弯后的道路名及方向、交叉点的距离。

典型汽车电子导航系统的基本功能菜单,如图 6.25 所示。

图 6.25　典型汽车电子导航系统的基本功能菜单

(2)汽车电子导航系统的特点

①实现实时位置测定。

②具有自动检索与图像放大等功能。

③自动修正车辆位置。

④交通行业控制管理的重要组成部分。

6.3.2　汽车电子导航系统的结构与原理

(1)汽车电子导航系统介绍

1)汽车电子导航系统的组成

汽车电子导航系统由空间部分、地面监控部分和用户设备部分组成,如图 6.26 所示。

①空间星座部分:使用 24 颗高度约 20 000 km 的卫星组成卫星座,24 颗卫星分布在 6 个等间隔轨道上,轨道面相对赤道面的倾角为 55°每个轨道面上有 4 颗卫星,卫星轨道为圆形,运行周期为 11 小时 58 分,这样的卫星分布,可保证全球任何地区、任何时刻有不少于 4 颗卫星以供观测。

②地面监控部分:包括 4 个监控站、一个主站和注入站,全部位于美国境内,监控部分的主要任务是监测每颗卫星的运行情况,并通过注入站及时修正卫星的有关参数,以保证整个 GPS

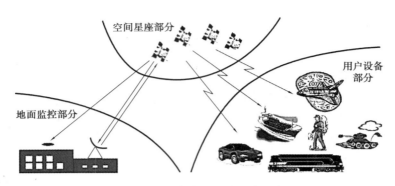

图 6.26　汽车电子导航系统组成

系统能正常运行。

③用户设备部分:主要是 GPS 接收机,它接收卫星发射的信号,根据导航电文提供卫星位置和钟差改正信息计算用户的位置。

2)GPS 导航系统的基本原理

GPS 导航系统是随着空间技术的发展而出现的一种空间基准的无线电导航系统。其基本原理如图 6.27 所示。

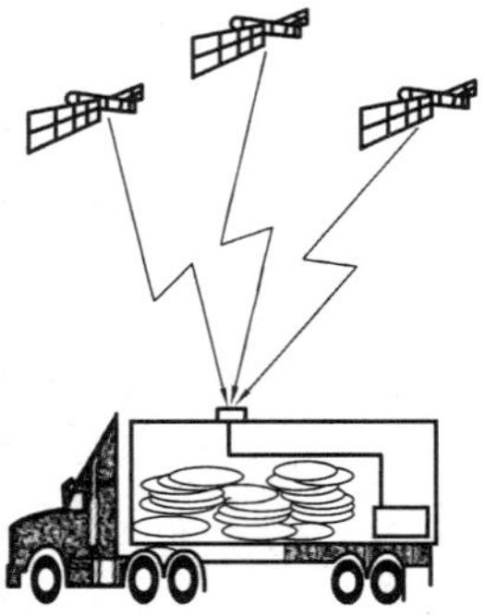

导航卫星在围绕圆形轨道运动时,发出的事先决定的图像信息。接收侧根据卫星发出的信号至接收到其反射信号的滞后时间,算出接收侧与卫星的距离 R。以 R 为半径、卫星为圆心,即形成一个球面。当接收侧同时知道 3 颗导航卫星的距离时,就可形成 3 个球面,3 个球面的交点就是接收侧的位置,也就是汽车的位置。

图 6.27　GPS 导航系统的基本原理

(2)电子地图

电子地图是现代车载导航系统中的最基本的也是最重要的部件之一。早期的电子地图只是单一地用作地图使用,并无引导作用。随着科技的发展,电子地图结合 GPS 技术、传感器技术等的发展,在各种先进的导航技术中已经广泛应用。

电子地图包括道路、地名及各种设施。除了显示本车位置和方向外,导航信息还有已行驶轨迹、当时位置到目的地的方向和直线距离。驾驶员可通过按键输入本车位置和目的地、缩放地图的比例尺或者选择显示 CD-ROM 数据库中的任意区域的地图。

各种比例尺的地图显示和车辆定位是电子地图的关键技术。随着计算机技术的发展和普及,导航电子地图在人类活动中将具有深远的意义和广泛的前景。

(3)汽车电子导航系统

汽车电子导航系统的结构,如图 6.28 所示,主要由 GPS 接收天线、GPS 接收机、导航计算机、可视显示器及位置检测装置(绝对位置检测和相对位置检测)等组成。

系统可根据不同的位置进行分类检测。绝对位置的检测采用 GPS 全球定位系统,相对位置的检测采用方向传感器(如地磁传感器、光纤陀螺仪),并利用车轮转速传感器测量车辆的行驶距离,如图 6.29 所示。

1)传感器

①罗盘传感器:一个双线圈发电机型地磁矢量传感器,由一个励磁线圈和两个垂直的线圈缠绕在具有高磁通率的圆环磁铁上组成。通过检测地球的磁场确定汽车的绝对行驶方向。罗盘传感器的结构,如图 6.30 所示。

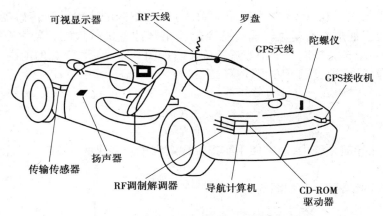

图 6.28　汽车电子导航系统的结构

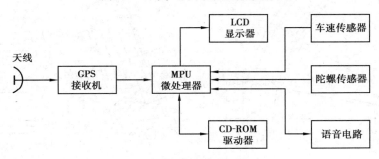

图 6.29　汽车电子导航系统的原理

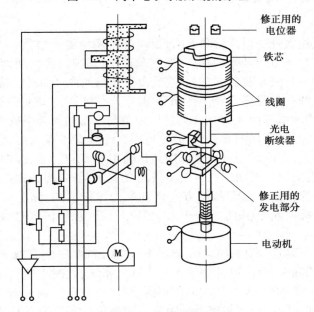

图 6.30　罗盘传感器的结构

　　②车速传感器:从汽车前进的速度中检测出车速脉冲(不同车型,车速脉冲值不同),通过汽车导航 ECU 的数据处理,从速度和时间中直接求出前进距离。

导航系统也采用了和 ABS(防抱死制动系统)系统相同的车轮转速传感器。汽车转弯时方向上的变化可以通过左右车轮转速传感器的输出脉冲差进行检测。若汽车以 R 为转弯半径转 θ 角时,每一个车轮按同一个中心进行旋转。如图 6.31 所示,汽车的前内、外车轮分别行走距离为 L_i 和 L_0。可通过以下方程计算出来:

$$L_i = R_i\theta$$
$$L_0 = R_0\theta$$

③陀螺仪:在导航系统中,通常使用陀螺仪测定汽车转弯速度是确定汽车行驶方向的另一种方法。

气流陀螺仪的结构原理,如图 6.32 所示。

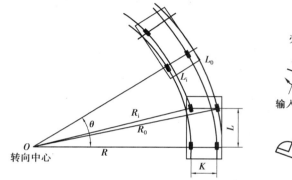

图 6.31　汽车转弯时车轮路线
K—轮距;L—轴距

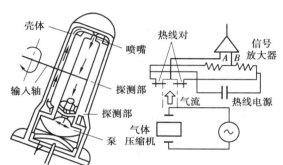

图 6.32　气流陀螺仪的结构原理

气流陀螺仪是利用氦气的惯性检测方向,而不是利用地磁。密封在容器内的氦气在压电振子循环压缩机的作用下,在容器内循环。当汽车直线行驶时,氦气使两根热线均匀冷却,故两根热线温度相等。一旦汽车改变方向,氦气流由于本身的惯性而过分偏向一侧,使固定在汽车上的检测器的两热线冷却程度不等,结果产生温度差,并以电位差的形式表现。由于两热线构成电桥电路,故该输出电压即 A、B 两点间的电位差与汽车的偏转率成正比。

光纤陀螺仪的检测原理,如图 6.33 所示。光从光纤线圈 A 点入射,经向左右两个方向回转传播,光程相同时两方向同时经过一个周期到达输出的 B 点。当光纤线圈向右旋转的角速度为 ω,则从 A 点入射的同一周期左右方向传播的光程不同,右回转比左回转传播光程长,两者相差一定角度。在原输出 B 点测量两方向传到的光相位不同,测定两个光干涉的强度,可以确定两方向光的传播时间差(相位差),从而计算出光纤线圈(汽车)的转向角速度 ω。

2)自律导航

当汽车行驶在地下隧道、高层楼群、高架桥下、高山群间、密集森林等地段与 GPS 卫星失去联系、中断信号的瞬间时,机内可自动导入自律导航系统,此时车速传感器从汽车前进的速度中检测出车速脉冲(不同车型,车速脉冲值不同,要注意修正),通过汽车导航计算机(ECU)的数据处理,从速度和时间中直接求出前进距离。陀螺仪传感器直接检测出前进方向的变化和行驶状态(即汽车前进的角速度变化值)。例如,汽车行驶在沟状山道,发夹式弯路、环状盘形桥上、雪道原地打滑、轮渡过河等地段时,所有这些曲线距离与卫星导航的经纬度坐标产生了误差,通过陀螺仪传感器的检测和微处理器的运算才能得到汽车正确的位置。

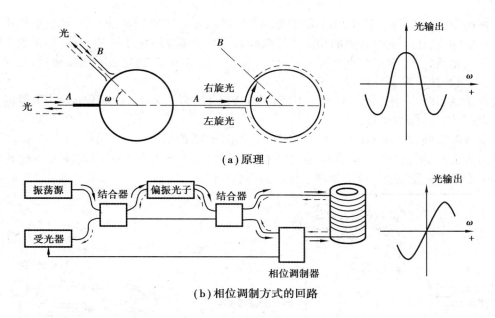

（a）原理

（b）相位调制方式的回路

图 6.33　光纤陀螺仪的检测原理

3）地图匹配器

在导航系统控制电路中要增加一个地图匹配线路,对汽车行驶路线(各处传感器检测到的轨迹)与电子地图上道路的误差进行实时数字相关匹配,作出自动修正,如图 6.34 所示。

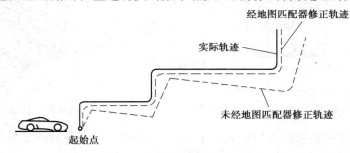

图 6.34　地图匹配器修正线路

4）LCD 显示器

平板显示器发展趋势表明,薄膜晶体管有源矩阵液晶显示器(TFT AM LCD)是个发展方向,因为它的每个像素都配置了一个半导体开关器件来驱动,从而实现了高亮度视频图像显示。LCD 显示器具有对比度好、扫描线多、视角宽、低反射等优点。

5）CD-ROM 驱动器

为使驱动器更快地从光盘上读取数据,快速送给 CPU 进行处理,缩短 LCD 画面上频繁显示执行程序的时间和读取数据的等待时间,这里选取 4 倍速 650 MB 的 CD-ROM 驱动器,可使 LCD 显示效果的不连续性得到平滑,也保持了声音和图像的同步。

6.3.3　典型汽车 GPS 导航系统的维修

现以宝来轿车的 GPS 导航系统为例,介绍汽车 GPS 导航系统的维修方法。

宝来轿车的 GPS 导航系统的结构组成如图 6.35 所示。宝来轿车的 GPS 导航系统不但具有卫星导航功能,还兼备收音机的功能。导航收音机系统装备有电子防盗系统,如果电子防盗保护装置被激活,当收音机和点火开关打开时,发光二极管闪亮;当导航系统接通后,发光二极管熄灭,表明系统已准备好可以使用。

大众车系 GPS 导航系统可用 V.A.G1552(或 V.A.S5052)专用型诊断仪或 X431 等通用型诊断仪进行故障诊断与维修。

连接故障诊断仪 V.A.G1552 或 V.A.S5052,如图 6.36 所示。

接通点火开关,选择"快速数据传输",屏幕显示"输入地址码××"时。输入导航地址码"37",即可对导航系统进行故障诊断和读取故障代码。

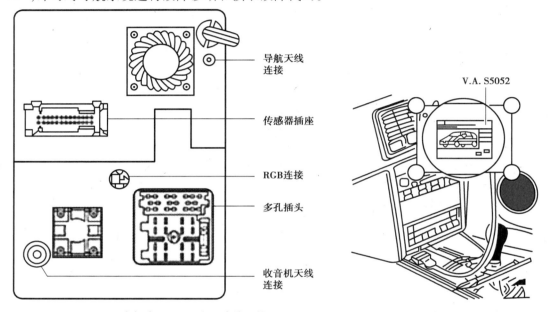

图 6.35　宝来轿车 GPS 导航系统的结构　　　图 6.36　检测仪器的连接

宝来轿车导航系统的故障代码及原因见表 6.1。查出导航系统的故障代码后,按表 6.1 所列出的故障原因与排除方法进行维修。

表 6.1　宝来轿车导航系统的故障代码及原因

故障代码	症状与现象	故障原因
00668	①接线柱 30 电压信号太弱 ②导航功能不全	①蓄电池电压低于 9.5 V ②蓄电池不能充电 ③蓄电池损坏 ④交流发电机损坏
00854	①组合仪表上收音机频率显示输出无法通信 ②在收音机/导航系统和组合仪表之间没有数据传递	①导线断路 ②收音机/导航系统损坏 ③组合仪表损坏

续表

故障代码	症状与现象	故障原因
00862	①导航天线断路/短路/对地短路 ②导航功能不正常	①导线断路 ②导航天线损坏
00867	①连接 ABS 控制单元无信号 ②导航功能不正常	①导线断路 ②ABS 传感器损坏 ③ABS 控制单元损坏
01311	①数据总线信息无信号 ②音响系统功能不正常	①导线断路 ②收音机/导航系统损坏 ③音响系统损坏
65535	①控制单元损坏 ②收音机/导航系统功能不正常	

【实训指导】

(1)任务描述

导航系统不工作。

(2)操作指引

1)组织方式

①场地设施:举升机 1 台。

②设备设施:BYD F3-R 轿车。

③工量具:汽车拆卸工具、数字万用表等。

④耗材:棉纱、防护套等。

2)操作要点

①穿戴干净整洁的工作服。

②遵守场地安全规定,注意用电安全。

③正确使用拆装工具、数字万用表、测量仪器等工具。

(3)任务实施及工单

导航系统不工作					
学生姓名		学号		日期	
实训场地				课时	

(1)车辆基本信息

车型		年份		制造商	
实训车号		VIN 码			
燃油		蓄电池电压		里程	
机油数量		制动液数量		其余油液数量	

（2）计划与决策

1)本次任务:确定导航系统不工作维修方案。

2)根据任务要求,确定所需要的技术资料,并对小组成员进行合理分工。

①本次任务所需要的技术资料。

②本次任务所需要的检测仪器及常用工具。

③完成本次任务的安全注意事项。

④小组成员分工及小组成员具体任务分配。

姓　名	任务分配内容	备　注

⑤小组的讨论结果。

（3）实施

①蓄电池电压_____。

②分析 BYD F3 导航系统电路及可能的故障原因。

③确定具体实施方案。

④对检查结果进行分析、判断，得出结论。

故障点_____;故障原因_____;结论_____。

（4）检查

试车,故障_____。（未排除/已排除）

（5）总结

（4）任务评分

评分点	评分标准	配分/分	扣分/分
测试准备	①初次未进行简单、全面检查（目视）而直接启动发动机的,包括蓄电池电压、冷却液、制动液、润滑油,每项扣1分 ②未安装挡块、尾气抽排设备、翼子板布、座套、方向盘套的,每项扣1分 ③驾驶员侧车窗玻璃未降落的,扣1分 合计不超过10分	10	
人物安全	①初次启动发动机,未请示老师而直接启动发动机的,扣3分 ②未警示同伴而直接启动发动机的,每次扣2分 合计不超过5分	5	
设备使用	①工具、仪器、仪表和测试设备选择不合理的,每次扣1分 ②未做好工具、仪器、仪表和测试设备准备工作而直接进行测试的,每次扣1分 ③未正确连接仪器、仪表和测试设备到车辆的,每次扣1分 ④未正确操作车辆到测试条件而直接进行测试的,每次扣1分 ⑤测试设备操作不正确而没有读取出诊断信息的,每次扣1分 ⑥每次测试完成后,测试设备未合理归位的,每次扣1分 合计不超过20分	20	
交流	①测试目的不明确的,每次扣1分 ②诊断结论不正确的,每次扣2分 合计不超过10分	10	

续表

评分点	评分标准	配分/分	扣分/分
操作规范	①拆卸下的零部件未正确码放的,每次扣0.5分 ②测试完成后未正确恢复车辆的,每次扣1分 ③操作过程中,不符合相应操作规范的,每次扣1分 ④操作过程中对测试设备和车辆可能构成损坏而被老师制止的,每次扣2分 合计不超过20分	20	
团队协作	①出现选手闲置超过3 min,每次扣1分 ②出现肢体碰撞的,每次扣1分 ③出现现场混乱的,扣1分 合计不超过5分	5	
现场整洁	①地面或工作台不洁的,扣1分 ②工具设备摆放凌乱的,扣1分 ③工具丢失或脱落的,扣3分 合计不超过3分	3	
环保意识	启动车辆未连接尾气排放装置的,扣2分	2	
报告	①未准确描述故障现象的,扣3分 ②诊断思路有问题的,扣10分 ③诊断结论错误的,扣12分 合计不超过25分	25	
合计		100	

任务 6.4　汽车倒车辅助系统的检修

【知识目标】

- 掌握倒车辅助系统的结构组成、分类及工作原理;
- 了解倒车辅助系统的各主要部件在车上的安装位置。

【能力目标】

- 掌握倒车辅助系统各部件在车上的拆装方法;
- 正确分析倒车辅助系统的故障原因并排除故障。

【相关知识】

6.4.1　汽车倒车辅助系统的介绍

倒车辅助系统又称为倒车雷达。它是一般汽车的选装项目,汽车倒车辅助系统采用超声波测距原理,在控制器的控制下,由传感器发射超声波信号,当遇到障碍物时,产生回波信号,传感器接收超声波信号,后经控制器进行数据处理、判断出障碍物的位置,由显示器显示距离并发出其他警示信号,得到及时警示,接触了驾驶员泊车和启动车辆时前后左右探视所引起的困扰,并帮助驾驶员扫除了视野死角和视线模糊的缺陷,提高驾驶的安全性。

(1)汽车倒车辅助系统的类型

目前流行的倒车辅助系统主要有普通倒车辅助系统和可视倒车辅助系统两种类型。

1)普通倒车辅助系统

其特点是通过装在车尾保险杠上的发射探头发射超声波,超声波遇到障碍物立即反射返接收探头,由此来确定障碍物离车尾的距离,并通过声音或者数字显示进行报警。

2)可视倒车辅助系统

其特点是通过装在车尾(一般是在挂牌照的上方)的一个车载摄像头,当汽车挂上倒挡时,可视倒车雷达自动启动,把尾部车载摄像头拍下的图像通过视频连接线显示在仪表盘的液晶车载显示屏幕上。

(2)汽车倒车辅助系统的组成

倒车辅助系统由超声波传感器(俗称探头)、控制器(主机)和显示器(或蜂鸣器)等部分组成,如图6.37所示。

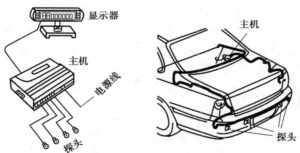

图6.37 倒车雷达的组成

1)探头

探头由超声波传感器、硅胶减振器及塑料外壳3部分组成,安装在车后的保险杠上,可发送超声波和接收反射后的超声波。

2)主机

主机由接收控制电路、放大电路、滤波电路、声光报警电路等组成。通常安装在后备厢内,靠近倒车灯附近(有的将蜂鸣器与主机装在一起)。

3)显示器(或蜂鸣器)

数码距离显示、障碍物方位显示(或声音报警、语言提示)的输出电路,一般安装在驾驶室内、驾驶员易于观察的部位。

(3)汽车倒车辅助系统的分类

1)按探头数目分

按探头数目可分为2探头、3探头、4探头等,探头的数量决定了倒车雷达的探测覆盖能力,增加探头的数量能减少探测盲区。

2)按提示方式分

按提示方式可分为波段显示、数码显示和声音提示3种。

①波段显示:通常由3种颜色来区别车辆离障碍物的距离:绿色代表安全距离,黄色代表警告距离,红色代表危险距离。

②数码显示:直接显示车辆与障碍物的距离数码。

③声音提示:倒车时,如果车后在规定距离内有障碍物,蜂鸣器就会发声,蜂鸣声越急,表示车辆离障碍物越近,但驾驶者不能确定障碍物离车辆有多远。

3)按探头与主机的传输方式分

按探头与主机的传输方式分为有线传输和无线传输两种。

有线传输具有信号传输可靠、准确,但安装时要拆卸车辆内饰件等部件的特点;无线传输具有信号传输易受其他电子信号的干扰,影响系统工作的准确性甚至失效。

6.4.2 汽车倒车辅助系统的工作原理

驾驶者倒车时,只要将汽车的变速器挡推到R挡,倒车雷达系统随即投入工作状态。这时安装在车辆后保险杠上的超声波传感器就会向汽车后面发射超声波,当发射的超声波遇到障碍物时,会有反射波产生,这些反射波被超声波传感器接收后,雷达控制器就会利用发射波与反射波计算出障碍物与超声波传感器之间的距离,再由显示器显示距离并发出警示信号,从而使驾驶者倒车时做到心中有"数",不至于撞上障碍物。整个过程,驾驶者无须回头便可知车后的情况,从而使倒车和停车更容易、更安全,如图6.38所示。

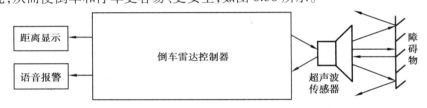

图6.38 倒车雷达工作原理框图

(1)超声波传感器

汽车用的倒车雷达传感器为压电晶体超声波传感器。超声波传感器实际上是利用压电晶体的振荡来工作的。超声波传感器内部结构,如图6.39所示,它有两个压电晶片的一个共振盘,当它的两电极外加脉冲信号,其频率等于压电晶片的固有振荡频率时,压电晶片就会产生共振,并带动共振盘振动,而产生超声波。反之,如果两电极没有外加电压,当共振盘收到超声波时,就会压迫压电晶体片振动,将机械能转换为电信号,这时它就成了超声波接收器。因此,超声波传感器既可作发射器,也能作接收器。

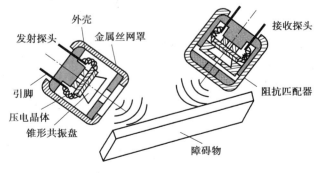

图6.39 压电晶体超声波传感器

（2）测定距离

众所周知,超声波在空气中的传播速度为 340 m/s。因此,只要能够测定由超声波传感器发射的超声波碰到障碍物时反射而返回的时间,就可以测定到障碍物的距离。

超声波测距的原理就是利用超声波发射器向某一方向发射超声波,在发射时刻的同时开始计时,超声波在空气中传播,途中碰到障碍物立即返回,超声波接收器收到反射波就立即停止计时。雷达控制器根据计时器记录的时间 t,就可以计算出由发射点距障碍物的距离 L,即 $L=340t/2$,如图 6.40 所示。

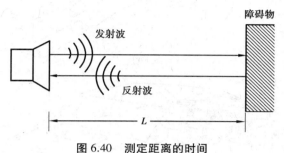

图 6.40　测定距离的时间

（3）警报提示

当在倒车雷达系统作用范围内检测到有障碍物时,警报器会向驾驶员发出清晰的警报声,随着离障碍物的距离越来越近,警报声的频率逐渐增加,直到离障碍物的距离为 30～40 cm 时,警报声将长鸣不止,如图 6.41 所示。

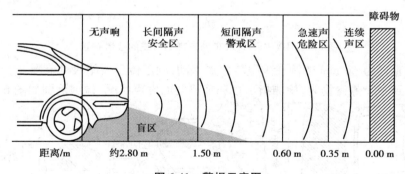

图 6.41　警报示意图

6.4.3　汽车倒车辅助系统的检修

以 BYD F3-R 为例,介绍倒车雷达的故障检修。

（1）BYD F3-R 汽车倒车辅助系统的位置布置

BYD F3-R 汽车倒车辅助系统的位置布置,如图 6.42 所示。

（2）倒车雷达系统自诊断及故障排除

1）预先检查

①点火开关置于 ON,将换挡杆置于倒挡,施加驻车制动保证车辆安全,检查倒车雷达系统。

②接通倒车指示灯开关。

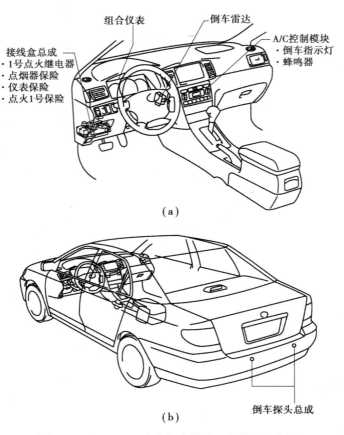

(a)

(b)

图 6.42　BYD F3-R 汽车倒车辅助系统的位置布置

③用一根直径为 60 mm 的圆柱围绕传感器移动,测量传感器的检测范围。

④当检测到一个障碍物时,检测指示灯和蜂鸣器的发声状况、检测范围如图 6.43 所示。

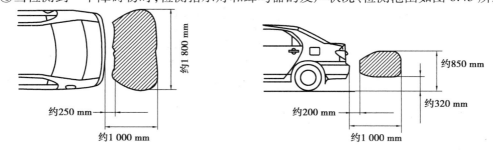

图 6.43　BYD F3-R 检测范围

指示灯和蜂鸣器驱动状态,如图 6.44 所示。

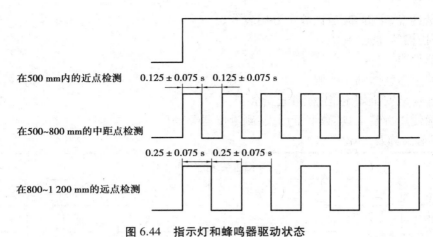

在 500 mm 内的近点检测 0.125 ± 0.075 s 0.125 ± 0.075 s

在 500~800 mm 的中距点检测

0.25 ± 0.075 s 0.25 ± 0.075 s

在 800~1 200 mm 的远点检测

图 6.44 指示灯和蜂鸣器驱动状态

2)自检功能检查

①检查指示灯、蜂鸣器的自检功能:点火开关置于 ON 后约 0.4 s 且换挡杆在倒挡时,检查指示灯、蜂鸣器的运行状态,应运行(0.8±0.2)s,此时系统处于正常检测运行状态,如图 6.45 所示。

②如果指示灯不亮或蜂鸣器没有按规定发声,则配线可能处于断开状态。

故障诊断表,见表 6.2。

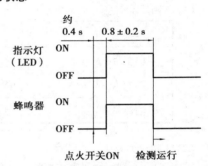

图 6.45 指示灯和蜂鸣器正常工作状态

表 6.2 故障诊断表

故障症状	故障原因	故障症状	故障原因
完全不工作(不能自检)	①电源电路有故障 ②倒车雷达有故障	蜂鸣器不工作(能进行自检)	①蜂鸣器驱动电路有故障 ②倒车雷达有故障
指示灯有时不亮(能进行自检)	①指示灯驱动电路有故障 ②倒车雷达有故障	自检中显示断路或冻结	①传感器有故障或受外界影响 ②传感器电路有故障 ③倒车雷达有故障
挂倒挡时,系统不工作(能进行自检)	①倒挡开关电路有故障 ②倒车雷达有故障	蜂鸣器音量太小	①蜂鸣器驱动电路有故障 ②倒车雷达有故障

【实训指导】

(1)任务描述

倒车雷达系统完全不工作。

(2)操作指引

1)组织方式

①场地设施:举升机 1 台。

②设备设施:BYD F3-R 轿车。

③工量具:汽车拆卸工具、数字万用表等。

④耗材:棉纱、防护套等。

2)操作要点

①穿戴干净整洁的工作服。

②遵守场地安全规定,注意用电安全。

③正确使用拆装工具、数字万用表、测量仪器等工具。

(3)任务实施及工单

倒车雷达系统完全不工作					
学生姓名		学号		日期	
实训场地				课时	

(1)车辆基本信息

车型		年份		制造商	
实训车号		VIN 码			
燃油		蓄电池电压		里程	
机油数量		制动液数量		其余油液数量	

(2)计划与决策

1)本次任务:确定倒车雷达系统完全不工作维修方案。

2)根据任务要求,确定所需要的技术资料,并对小组成员进行合理分工。

①本次任务所需要的技术资料。

②本次任务所需要的检测仪器及常用工具。

③完成本次任务的安全注意事项。

④小组成员分工及小组成员具体任务分配。

姓　名	任务分配内容	备　注

⑤小组的讨论结果。

（3）实施

①蓄电池电压_____。

②点火开关置于 ON 挡,将换挡杆置于_____,施加驻车制动保证车辆安全,检查倒车雷达系统_____。

③分析电路,确定具体实施方案。

④对检查结果进行分析、判断,得出结论。

故障点_____;故障原因_____;结论_____。

（4）检查

试车,故障_____。（未排除/已排除）

（5）总结

（4）任务评分

评分点	评分标准	配分/分	扣分/分
测试准备	①初次未进行简单、全面检查（目视）而直接启动发动机的,包括蓄电池电压、冷却液、制动液、润滑油,每项扣1分 ②未安装挡块、尾气抽排设备、翼子板布、座套、方向盘套的,每项扣1分 ③驾驶员侧车窗玻璃未降落的,扣1分 合计不超过10分	10	
人物安全	①初次启动发动机,未请示老师而直接启动发动机的,扣3分 ②未警示同伴而直接启动发动机的,每次扣2分 合计不超过5分	5	
设备使用	①工具、仪器、仪表和测试设备选择不合理的,每次扣1分 ②未做好工具、仪器、仪表和测试设备准备工作而直接进行测试的,每次扣1分 ③未正确连接仪器、仪表和测试设备到车辆的,每次扣1分 ④未正确操作车辆到测试条件而直接进行测试的,每次扣1分 ⑤测试设备操作不正确而没有读录出诊断信息的,每次扣1分 ⑥每次测试完成后,测试设备未合理归位的,每次扣1分 合计不超过20分	20	
交流	①测试目的不明确的,每次扣1分 ②诊断结论不正确的,每次扣2分 合计不超过10分	10	
操作规范	①拆卸下的零部件未正确码放的,每次扣0.5分 ②测试完成后未正确恢复车辆的,每次扣1分 ③操作过程中,不符合相应操作规范的,每次扣1分 ④操作过程中对测试设备和车辆可能构成损坏而被老师制止的,每次扣2分 合计不超过20分	20	
团队协作	①出现队员闲置超过3 min,每次扣1分 ②出现肢体碰撞的,每次扣1分 ③现场混乱的,扣1分 合计不超过5分	5	
现场整洁	①地面或工作台不洁的,扣1分 ②工具设备摆放凌乱的,扣1分 ③工具丢失或脱落的,扣3分 合计不超过3分	3	
环保意识	启动车辆未连接尾气排放装置的,扣2分	2	
报告	①未准确描述故障现象的,扣3分 ②诊断思路有问题的,扣10分 ③诊断结论错误的,扣12分 合计不超过25分	25	
合计		100	

【知识拓展】

汽车音响系统像空调机一样，是一种创造舒适驾驶环境的设备。它主要包括天线、接收装置、磁带放音机、激光唱机、均衡器、功率放大器及扬声器7个部分。

（1）**天线**

天线用于接收广播电台的发射电波，通过高频电缆向无线电调频装置传送。

（2）**接收装置**

接收装置是由无线电调频装置将电台发射的高频电磁波有选择地接收，并解调为音频电信号。

（3）**磁带放音机**

磁带放音机用于放送磁带录制的音乐信号。

（4）**激光唱机**

激光唱机用于播放光盘记录的音乐信号。

（5）**均衡器（平衡音量控制器）**

均衡器用于调节声音（音乐）信号的特性，以适应汽车听音环境。

（6）**功率放大器（扬声器放大器）**

功率放大器用于将微弱的音频信号放大到可推动扬声器的足够功率。

（7）**扬声器**

扬声器是最终决定车厢内音响性能的重要部件。扬声器口径的大小和在车上安装的方法、位置是决定音响性能的重要因素，要欣赏立体声效果，车上至少要装两个扬声器。

项目 7

汽车辅助电气系统的检修

学习导航

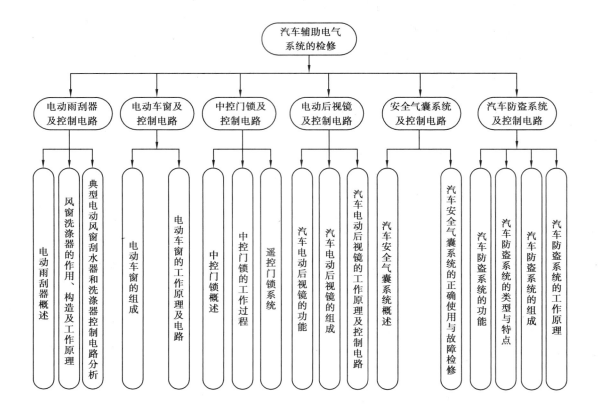

汽车辅助电气系统的检修
- 电动雨刮器及控制电路
  - 电动雨刮器概述
  - 风窗洗涤器的作用、构造及工作原理
  - 典型电动风窗刮水器和洗涤器控制电路分析
- 电动车窗及控制电路
  - 电动车窗的组成
  - 电动车窗的工作原理及电路
- 中控门锁及控制电路
  - 中控门锁概述
  - 中控门锁的工作过程
  - 遥控门锁系统
- 电动后视镜及控制电路
  - 汽车电动后视镜的功能
  - 汽车电动后视镜的组成
  - 汽车电动后视镜的工作原理及控制电路
- 安全气囊系统及控制电路
  - 汽车安全气囊系统概述
  - 汽车安全气囊系统的正确使用与故障检修
- 汽车防盗系统及控制电路
  - 汽车防盗系统的功能
  - 汽车防盗系统的类型与特点
  - 汽车防盗系统的组成
  - 汽车防盗系统的工作原理

任务 7.1　电动雨刮器及控制电路

【知识目标】

- 了解电动雨刮器的作用及组成;
- 熟悉电动雨刮电机的工作原理;
- 熟悉洗涤装置的工作原理。

【能力目标】

- 能够拆装、检测与诊断电动雨刮器的主要部件;
- 能够诊断、排除电动雨刮器的故障。

【相关知识】

7.1.1　电动雨刮器概述

电动雨刮器的作用是除去挡风玻璃上的水、雪及沙尘,保证在不良天气时驾驶员仍具有良好的视线。

(1)电动雨刮器的组成

电动雨刮器主要包括雨刮片、雨刮电机、雨刮连动杆、雨刮控制开关,如图 7.1 所示。

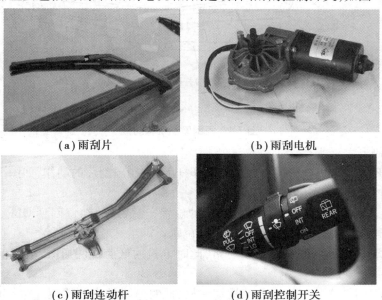

(a)雨刮片　　　　　　　　　　(b)雨刮电机

(c)雨刮连动杆　　　　　　　(d)雨刮控制开关

图 7.1　电动雨刮器的组成

1)雨刮片

最终完成刮水作用的橡胶雨刮片靠骨架支撑,铰接在弹性刮水臂上,使雨刮片紧紧贴在风挡玻璃上,当使用雨刮器时,雨刮电机会通过联动杆件带动刮水臂左右摆动,雨刮片就会在风挡玻璃上清扫雨水及杂物。

雨刮片主要包括有骨雨刷和无骨雨刷两种。有骨雨刷是利用骨架上的若干支撑点把雨刮压在玻璃上,如图7.2所示。由于骨架的存在,因此有骨雨刷的压力点集中在骨架与雨刮的几个连接处,压力分布不连续,从而导致雨刮受力不均匀、磨损程度不一。

无骨雨刷通过内置的钢条将雨刮保持一定的弧度,如图7.3所示。无骨雨刷的结构相对简单,取消了骨架,改为一根内置钢条来分散压力。更换时比传统雨刷更方便,不需要任何工具,徒手就能操作。

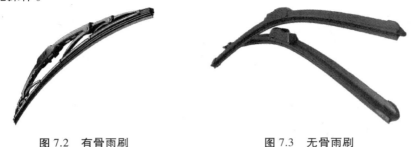

图7.2　有骨雨刷　　　　　　　图7.3　无骨雨刷

2)雨刮联动机构

雨刮联动机构主要由曲柄、连杆和摆杆等组成,如图7.4所示。杆件可以将涡轮的旋转运动转变为摆臂的往复摆动,并控制雨刮片的摆动范围。

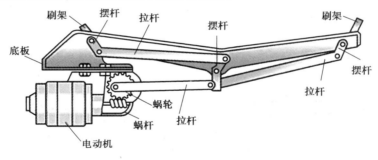

图7.4　雨刮联动机构组成

3)雨刮控制开关

雨刮控制开关装在组合开关右手边的操作杆上,控制雨刮片的动作,如图7.5所示。

刮水电机控制方式可分为以下几种:

①OFF挡:即停止挡,无论刮片运行到何种位置,当从别的挡位回到OFF挡时,电机都会利用蜗轮上的导电盘缺口,始终停留在固定的位置。

②LO挡:即慢挡,操作杆向上拨动一格,此时电机的低速线圈通电,电机低速旋转用于下小雨时。

③HI挡:即快挡,操作杆再次向上拨动一格,此时电机的高速线圈通电,电机高速旋转用于下大雨时。

④间歇挡:有的车标注INT(间歇刮);有的车标注MIST或1×(刮一次)。其利用间歇继电器完成隔几秒刮一下,再隔几秒刮一下的动作。此挡用于下小雨时。

4)雨刮电机

①雨刮电机的组成。风窗刮水器电动机有绕线式和永磁式两种。绕线式风窗刮水电动机

的磁极绕有励磁绕组,通电流时产生磁场,而永磁式风窗刮水电动机的磁极用永久磁铁制成。

永磁式风窗刮水器电动机体积小,质量小,结构简单,使用广泛。永磁式风窗刮水电动机的结构如图 7.6 所示,主要由电刷、电枢、永久磁铁、凸轮板、蜗杆、触点等组成。

图 7.5　雨刮控制开关

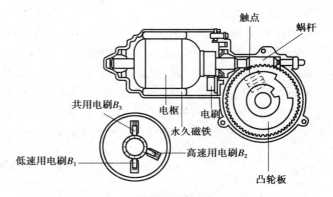

图 7.6　永磁式风窗刮水电动机的结构

②雨刮电机的工作原理。

A.变速原理:永磁式风窗刮水电动机是利用 3 个电刷来改变正、负电刷之间串联线圈的个数实现变速的,如图 7.7 所示。其原理是:风窗刮水电动机工作时,在电枢内同时产生反电动势,其方向与电枢电流的方向相反。如要使电枢旋转,外加电压必须克服反电动势的作用。当电动机转速升高时,反电动势增高,只有当外加电压等于反电动势时,电枢的转速才能稳定。

三刷永磁式风窗刮水电动机工作时,电枢绕组产生的反电动势的方向如图 7.8 中箭头所示。当将风窗刮水器开关 K 拨向 L(低速)时,电源电压 U 加在电刷 B_1 和 B_3 之间。在电刷 B_1 和 B_3 之间的两条并联支路中,每条支路中各有 4 个串联绕组,反电动势的大小与支路中反电动势的大小相等。由于外加电压需要平衡 4 个绕组所产生的反电动势,因此电动机转速较低,如图 7.8(a)所示。

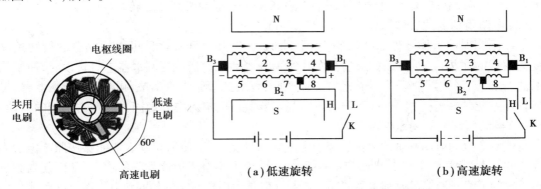

图 7.7　电刷的布置

图 7.8　低、高速旋转原理

当将风窗刮水器开关 K 拨向 H(高速)时,电源电压 U 加在电刷 B_1 和 B_3 之间。绕组 1、2、3、4、8 同在一条支路中,其中绕组 8 与绕组 1、2、3、4 的反电动势方向相反,相互抵消后,使每条支路变为 3 个绕组,如图 7.8(b)所示。由于电动机内部的磁场方向和电枢的旋转方向没有变化,因此各绕组内反电动势的方向与低速时相同。但是,外加电压只需平衡 3 个绕组所产生的反电动势,故电动机的转速增高。

B.雨刮器的控制原理。为了不影响驾驶员的视线,要求刮水器能自动复位,即不论在什么时候关闭刮水器开关,刮水片都能自动停在风窗玻璃的下部。

当刮水开关推到"0"挡时,如果刮水器的刮水片没有停在规定的位置,则电流经蓄电池正极→电源开关→熔丝→电刷 B_3→电枢绕组→电刷 B_1→刮水器"0"挡→下触点臂→长铜环→搭铁[图 7.9(b)],这时电动机将继续转动,当刮水器的刮水片到规定位置时,上下触点臂都和短铜环接触,使电动机短路[图 7.9(a)]。与此同时,电动机电枢由于惯性而不能立刻停下来,电枢绕组通过上下触点臂与短铜环接触而构成回路,电枢绕组产生感应电流,因而产生制动扭矩,电动机迅速停止转动,使刮水器的刮水片停止在规定的位置。

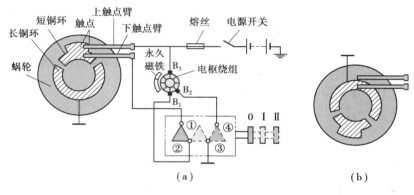

图 7.9　雨刮器控制原理

当电源开关接通时,把刮水器开关拉到"Ⅰ"挡时,如图 7.9(a)所示,电流从蓄电池的正极、电源开关、熔丝、电刷 B_3、电枢绕组、电刷 B_1、刮水器"Ⅰ"挡到搭铁,刮水器电动机低速运转。

当刮水器开关拉到"Ⅱ"挡时,如图 7.9(a)所示,电流从蓄电池的正极、电源开关、熔丝、电刷 B_3、电枢绕组、电刷 B_2、刮水器"Ⅱ"挡到搭铁,刮水器电动机高速运转。

(2)电动雨刮器的工作原理

电动雨刮器的工作过程如图 7.10 所示,曲柄、连杆和摆杆等杆件可以把蜗轮的旋转运动转变为摆臂的往复摆动,使摆臂上的刮水片实现刮水动作。当风窗刮水器电机转动时,使蜗轮上的曲臂旋转,经连杆使短臂以电枢中心做扇形运动,此短臂上安装右侧的风窗刮水器臂,另一连杆与左侧的短臂连接,左右两侧的风窗刮水器臂以电枢为中心做同方向左右平行的运动。

(3)电动雨刮器的间歇控制

现代汽车电动风窗刮水器上都加装了电子间歇控制系统,使风窗刮水器能够按照一定的周期停止和刮水,这样汽车在小雨或雾天中行驶时,玻璃上不至于形成发黏的表面,从而使驾驶员获得更好的视线。汽车风窗刮水器的间歇控制一般是利用自动复位装置和电子振荡电路或集成电路实现的,风窗刮水器的间歇控制按照间歇时间是否可调分为可调节型和不可调节型。

图 7.11 为同步间歇风窗刮水器内部控制电路。当风窗刮水器开关置于间歇挡位置(开关处于 0 位,且间歇开关闭合)时,电源将通过自动复位开关向电容器 C 充电,随着充电时间的增长,电容器两端的电压逐渐升高。当电容器 C 两端的电压升高到一定值时,晶体管 VT_1 和

VT₂ 先后相继由截止转为导通,从而接通继电器磁化线圈的电路,在电磁吸力的作用下,继电器常闭触点打开,常开触点闭合,从而接通了风窗刮水电动机的电路,此时电动机将低速旋转。

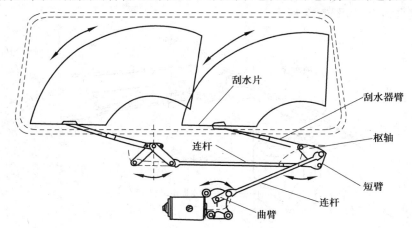

图 7.10　电动雨刮器的工作原理

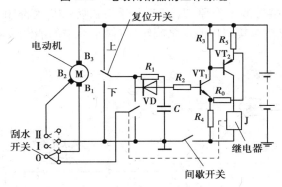

图 7.11　同步间歇风窗刮水器内部控制电路

当复位装置将自动复位开关的常开触点(下)接通时,电容器 C 通过二极管 VD、自动复位装置常开触点迅速放电,此时风窗刮水电动机的通电回路不变,电动机继续转动。随着放电时间的增长,VT₁ 和 VT₂ 由导通转为截止,从而切断了继电器磁化线圈的电路,继电器复位,常开触点打开,常闭触点闭合。此时由于自动复位开关的常开触点处于闭合状态,电动机仍将继续转动,只有当刮水片回到原位(不影响驾驶员视线位置),自动复位开关的常开触点打开,常闭触点闭合时,电动机方能停止转动。继而电源将再次向电容器 C 充电,重复以上过程。如此反复,实现刮水片的间歇动作,其间歇时间的长短取决于 RC 电路充电时间的常数大小。

7.1.2　风窗洗涤器的作用、构造及工作原理

(1)风窗洗涤器的作用

汽车行驶时,风窗玻璃上常附着灰尘、砂粒等,若不冲洗就直接使用风窗刮水器,会使风窗刮水器片损伤,并易使风窗玻璃刮伤;同时风窗玻璃太干燥时,也使风窗刮水器片受到过大的阻力,易使风窗刮水器电机烧坏。故使用风窗刮水器前,先使洗涤器向风窗玻璃喷水,洗净玻璃上的灰尘、砂粒等,并减少风窗刮水器片的阻力。

（2）风窗洗涤器的组成及工作原理

目前汽车使用的风窗洗涤器均为电动式，其结构包括储水箱、水管及喷嘴等部分，电动机及水泵装在储水箱上，如图 7.12 所示。

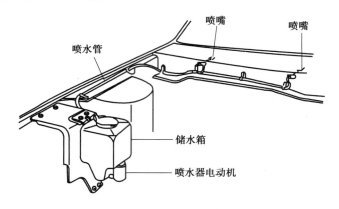

喷嘴　喷嘴
喷水管
储水箱
喷水器电动机

图 7.12　洗涤器系统的组成

图 7.13 为风窗清洗装置的工作原理，当点火开关和喷水开关都闭合时，风窗清洗器喷水电机接通开始转动，并带动与其同轴的水泵旋转，将储水箱中的清洗液加压后通过水管由喷嘴喷出。

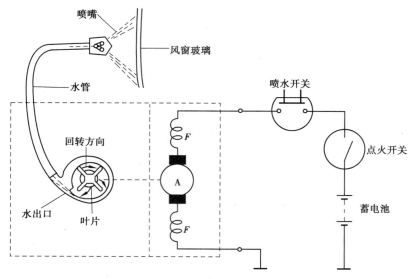

喷嘴
风窗玻璃
水管
喷水开关
回转方向
点火开关
水出口　叶片
蓄电池

图 7.13　风窗清洗装置的工作原理

7.1.3　典型电动雨刮器和洗涤器控制电路分析

下面以图 7.14 所示的 BYD F3-R 电动雨刮器与洗涤器电路为例来说明电动雨刮器与洗涤器各挡位电路的控制过程。该雨刮器电路由点火开关、雨刮保险丝、风窗刮水器开关、风窗洗涤电动机、风窗刮水电动机等组成。雨刮器开关有"高速挡""低速挡""复位挡"等挡位。

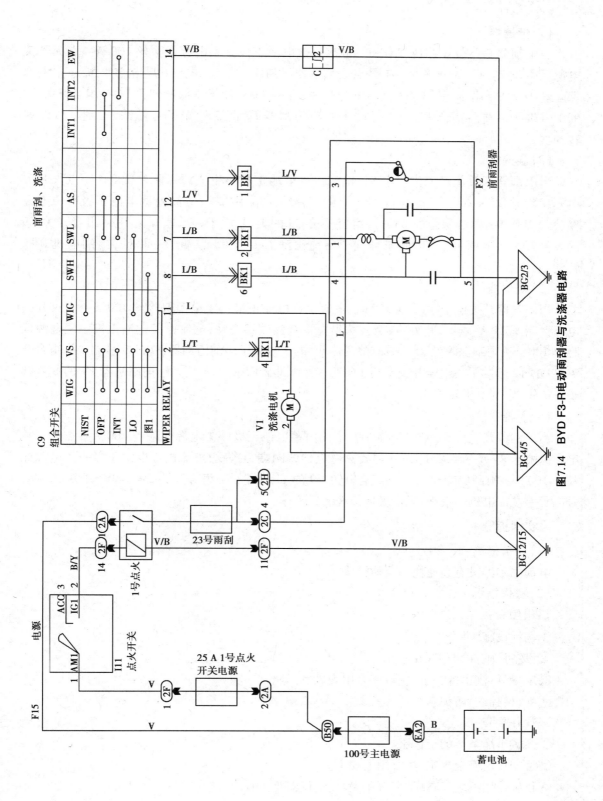

图7.14 BYD F3-R电动雨刮器与洗涤器电路

155

（1）低速挡

当雨刮器开关位于挡位"LO"时,电流由蓄电池正极→主电源保险丝 100 A→点火开关电源保险丝 25 A→点火开关→1 号点火继电器线圈端→搭铁;电流由蓄电池正极→主电源保险丝 100 A→雨刮保险丝 25 A→组合开关 C9 的 11 号端子→低速开关 LO→组合开关 C9 的 7 号端子→前雨刮器 F7 的 1 号端子→前雨刮器 F7 的 5 号端子→搭铁,雨刮电机低速转动。

（2）高速挡

当雨刮器开关位于挡位"HI"时,电流由蓄电池正极→主电源保险丝 100 A→点火开关电源保险丝 25 A→点火开关→1 号点火继电器线圈端→搭铁;电流由蓄电池正极→主电源保险丝 100 A→雨刮保险丝 25 A→组合开关 C9 的 11 号端子→低速开关 HI→组合开关 C9 的 8 号端子→前雨刮器 F7 的 4 号端子→前雨刮器 F7 的 5 号端子→搭铁,雨刮电机高速转动。

（3）复位挡

当雨刮器开关位于挡位"复位"时,电流由蓄电池正极→主电源保险丝 100 A→点火开关电源保险丝 25 A→点火开关→1 号点火继电器线圈端→搭铁;电流由蓄电池正极→主电源保险丝 100 A→雨刮保险丝 25 A→前雨刮器 F7 的 2 号端子→前雨刮器 F7 的 3 号端子→组合开关 C9 的 12 号端子→组合开关 C9 的 OFF→前雨刮器 F7 的 1 号端子→前雨刮器 F7 的 5 号端子→搭铁,雨刮电机复位。

（4）洗涤挡

当雨刮器开关位于挡位"洗涤"时,电流由蓄电池正极→主电源保险丝 100 A→点火开关电源保险丝 25 A→点火开关→1 号点火继电器线圈端→搭铁;电流由蓄电池正极→主电源保险丝 100 A→雨刮保险丝 25 A→组合开关 C9 的 11 号端子→组合开关 C9→组合开关 C9 的 2 号端子→洗涤电机→搭铁,风窗玻璃清洗装置工作。

【实训指导】

（1）任务描述

电动雨刮器没有高速挡的故障检修。

（2）操作指引

1）组织方式

①场地设施:举升机 1 台。

②设备设施:BYD F3-R 轿车。

③工量具:汽车拆卸工具、数字万用表、探针等。

④耗材:棉纱、防护套等。

2）操作要点

①穿戴干净整洁的工作服。

②遵守场地安全规定,注意用电安全。

③正确使用拆装工具、数字万用表、测量仪器等工具。

（3）任务实施及工单

<table>
<tr><td colspan="6" align="center">电动雨刮器没有高速挡的故障检修</td></tr>
<tr><td>学生姓名</td><td></td><td>学号</td><td></td><td>日期</td><td></td></tr>
<tr><td>实训场地</td><td colspan="3"></td><td>课时</td><td></td></tr>
</table>

（1）车辆基本信息

<table>
<tr><td>车型</td><td></td><td>年份</td><td></td><td>制造商</td><td></td></tr>
<tr><td>实训车号</td><td></td><td>VIN 码</td><td colspan="3"></td></tr>
<tr><td>燃油</td><td></td><td>蓄电池电压</td><td></td><td>里程</td><td></td></tr>
<tr><td>机油数量</td><td></td><td>制动液数量</td><td></td><td>其余油液数量</td><td></td></tr>
</table>

（2）计划与决策

1）本次任务：确定电动雨刮器没有高速挡的检修方案。

2）根据任务要求，确定所需要的技术资料，并对小组成员进行合理分工。

①本次任务所需要的技术资料。

②本次任务所需要的检测仪器及常用工具。

③完成本次任务的安全注意事项。

④小组成员分工及小组成员具体任务分配。

姓　　名	任务分配内容	备　　注

⑤小组的讨论结果。

（3）实施

1）电动雨刮器没有高速挡的故障原因分析。

2）电动雨刮器没有高速挡的故障检修。
①雨刮开关（HI）的检修。

②雨刮开关（HI）挡至雨刮电机导线的检测

③雨刮电机的检修。

3）对检查结果进行分析、判断，得出结论。
故障点＿＿＿＿＿＿＿＿＿；故障原因＿＿＿＿＿＿＿＿＿；结论＿＿＿＿＿＿＿＿＿。

（4）检查
试车，故障＿＿＿＿＿＿＿＿＿。（未排除/已排除）

（5）总结

（4）任务评分

评分点	评分标准	配分/分	扣分/分
测试准备	①初次未进行简单、全面检查（目视）而直接启动发动机的,包括蓄电池电压、冷却液、制动液、润滑油,每项扣 1 分 ②未安装挡块、尾气抽排设备、翼子板布、座套、方向盘套的,每项扣 1 分 ③驾驶员侧车窗玻璃未降落的,扣 1 分 合计不超过 10 分	10	
人物安全	①初次启动发动机,未请示老师而直接启动发动机的,扣 3 分 ②未警示同伴而直接启动发动机的,每次扣 2 分 合计不超过 5 分	5	
设备使用	①工具、仪器、仪表和测试设备选择不合理的,每次扣 1 分 ②未做好工具、仪器、仪表和测试设备准备工作而直接进行测试的,每次扣 1 分 ③未正确连接仪器、仪表和测试设备到车辆的,每次扣 1 分 ④未正确操作车辆到测试条件而直接进行测试的,每次扣 1 分 ⑤测试设备操作不正确而没有读取出诊断信息的,每次扣 1 分 ⑥每次测试完成后,测试设备未合理归位的,每次扣 1 分 合计不超过 20 分	20	
交流	①测试目的不明确的,每次扣 1 分 ②诊断结论不正确的,每次扣 2 分 合计不超过 10 分	10	
操作规范	①拆卸下的零部件未正确码放的,每次扣 0.5 分 ②测试完成后未正确恢复车辆的,每次扣 1 分 ③操作过程中,不符合相应操作规范的,每次扣 1 分 ④操作过程中对测试设备和车辆可能构成损坏而被老师制止的,每次扣 2 分 合计不超过 20 分	20	
团队协作	①出现队员闲置超过 3 min,每次扣 1 分 ②出现肢体碰撞的,每次扣 1 分 ③出现现场混乱的,扣 1 分 合计不超过 5 分	5	
现场整洁	①地面或工作台不洁的,扣 1 分 ②工具设备摆放凌乱的,扣 1 分 ③工具丢失或脱落的,扣 3 分 合计不超过 3 分	3	
环保意识	启动车辆未连接尾气排放装置的,扣 2 分	2	
报告	①未准确描述故障现象的,扣 3 分 ②诊断思路有问题的,扣 10 分 ③诊断结论错误的,扣 12 分 合计不超过 25 分	25	
合计		100	

【知识拓展】

雨量感知智能风窗刮水装置的功能是风窗刮水器的控制电路根据雨量大小自动开闭、自动调节风窗刮水器刮水频率，并自动调节间歇时间。

雨量感知智能风窗刮水装置的组成如图 7.15 所示，主要由雨滴传感器、间歇刮水放大器和风窗刮水器电动机等组成，该装置由雨滴传感器取代无级调整式间歇刮水系统内刮雨间歇时间设定装置。

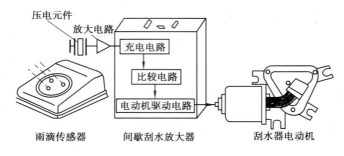

图 7.15　雨量感知智能风窗刮水装置的组成

雨滴传感器是汽车雨量感知智能刮水装置的重要组成部分，一般安装在风窗玻璃上或发动机盖上，其结构如图 7.16 所示。

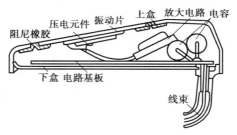

图 7.16　雨量感知智能风窗刮水装置的结构

雨量感知智能风窗刮水装置工作时，由于雨滴下落撞击到传感器的振动片上，振动片将振动能量传给压电元件。压电元件受压而产生电压信号，该电压值与撞击振动片上的雨滴的撞击能量成正比。电压信号经过放大后送入间歇刮水放大电路，对放大器的充电电路进行定时充电，电容电压上升。该电压输入比较电路，比较电路将其与基准电压比较。当电容电压达到基准电压时，比较电路向风窗刮水器电动机发出信号，使其工作一次。

当雨量大时，压电元件产生的电信号强，充电电路电压达到基准电压值所需时间短，风窗刮水器的工作间歇时间短；当雨量小时，压电元件产生的电压小，充电电路电压达到基准电压所需时间长，风窗刮水器的工作间歇时间就长。这样，雨量感知智能风窗刮水装置可以根据雨量的大小自动无级调节刮水装置的刮水频率。

任务 7.2 电动车窗及控制电路

【知识目标】

- 了解电动车窗的作用及组成；
- 熟悉电动车窗的工作原理；
- 掌握电动车窗的电路及故障诊断。

【能力目标】

- 能够拆装、检测电动车窗的主要部件；
- 能够诊断、排除电动车窗的故障。

【相关知识】

7.2.1 电动车窗的组成

车窗是整个汽车车身的重要组成部分,是为了满足车内采光、通风及驾驶员和乘坐人员的视野需要而设计的,我们只需操纵车窗的升降开关,就可以实现车窗玻璃上升和下降。现在汽车为了方便驾驶员和乘客,大部分采用电动车窗。

电动车窗主要由车窗玻璃、车窗玻璃升降器、电动机、开关等组成,如图 7.17 所示。

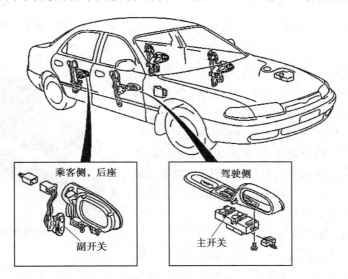

图 7.17 电动车窗的组成

(1)车窗玻璃

车窗玻璃一般为钢化玻璃,有些高档车使用防弹玻璃。

(2)车窗玻璃升降器

玻璃升降器是电动车窗的重要部件,作用是减速增扭。实现运动形式的转换及传递动力。电动门窗分为机械式和油压式两种。电动机械式门窗玻璃升降器根据机械升降机构的结构形

161

式可分为齿条式和交叉臂式两大类。油压式电动车窗由于结构复杂、可靠性差,现已很少使用。

1)交臂式

交臂式结构,电动机的输出部分是一个小齿轮,经啮合的扇形齿轮片,通过交臂式升降机构,带动玻璃沿导轨作上下运动,如图7.18所示。

2)齿条式

齿条式结构,电动机的输出部分也是一个小齿轮,通过与软轴上的齿(近似于齿条)相啮合,驱动软轴卷绕,带动玻璃沿导轨作上下运动,如图7.19所示。

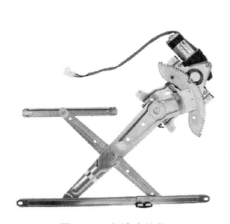

图 7.18　交臂式结构

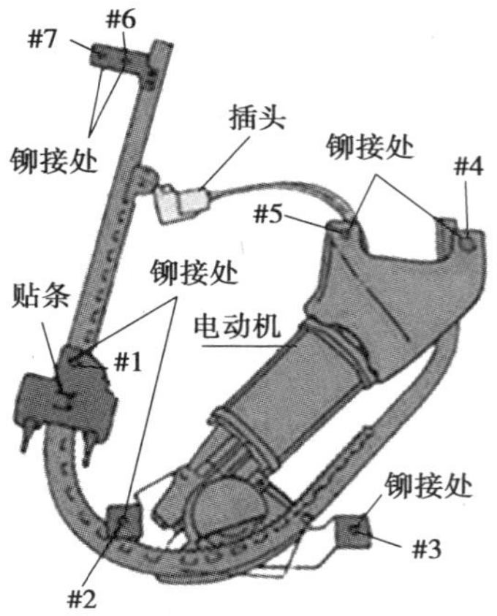

图 7.19　齿条式结构

（3）车窗电机

电动车窗使用双向直流电动机,有永磁式和双绕组串励线绕式两种,现在基本上使用永磁式,如图7.20所示。每个车窗装有一个电动机,通过开关控制电流的流动方向,使电动机正、反转,从而使车窗玻璃上升或下降。门窗电动机内部装有减速装置,门窗电动机一般设计成能正反方向旋转,具有较高输出转矩、较低噪声、较小体积、扁平外形和短时工作制,并对尘埃及洗涤剂具有密封防护性能。

图 7.20　永磁式车窗电机

（4）电动车窗控制开关

电动车窗控制系统都装有两套控制开关。一套装在仪表板或驾驶员侧车门扶手上,为主开关,由驾驶员操作,可控制每个车窗的升降,如图7.21所示。另一套分别装在每个乘客门上,为分开关,可单独控制一个车窗,由乘客进行操作,如图7.22所示。大多数汽车在总开关中装有闭锁开关,当它断开时,乘客不能控制车窗升降。

（5）热敏断路开关

防止电路过载,电动门窗控制电路中多装一个或多个热敏断路器,有的装在电动机内。当车窗完全关闭或由于结冰而使车窗玻璃不能自由运动时,即使操纵的开关没有断开,热敏断路器也会自动断开,以保护电路免受损失。断路器还具有防夹功能,防止关闭车窗时夹住人的身体。

图 7.21 主开关

图 7.22 分开关

7.2.2 电动车窗的工作原理及电路

(1)电动车窗的工作原理
电动车窗系统的示意图,如图 7.23 所示。

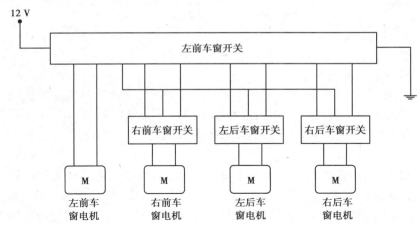

图 7.23 电动车窗系统的示意图

永磁式直流电动机通过改变电枢的电流方向来改变电动机的旋转方向,使车窗玻璃上升或下降。

如图 7.23 所示,左前车窗开关可控制左前、右前、左后及右后车窗电机的工作,右前车窗开关仅可控制右前车窗电机,同理,左后车窗开关仅可控制左后车窗电机,右后车窗开关仅可控制右后车窗电机。

(2)电动车窗的控制电路分析
不同的控制按钮产生不同的控制电路,它可分为驾驶员控制电路、乘客控制电路和锁止控制电路。驾驶员控制电路是利用控制开关使 4 个车窗的任意车窗自动升降。乘客控制电路只能使所在车窗的车窗玻璃自动升降。锁止控制电路是按下锁止开关乘客侧车窗开关被禁用,再次按下可取消禁用。

下面以驾驶员控制左后车窗玻璃、乘客控制左后玻璃为例讲解控制电路原理,如图 7.24 所示。

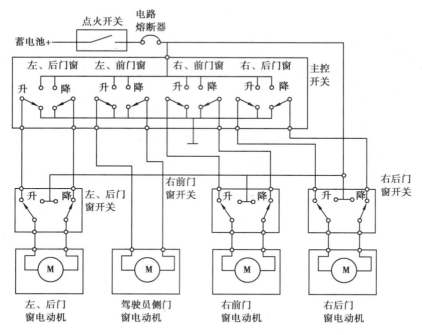

图 7.24　电动车窗电路

1)驾驶员控制左后车窗玻璃

闭合点火开关,驾驶员控制主开关,左后玻璃开关闭合,电流从蓄电池的正极→点火开关→熔断器→主开关左后车窗升(开关向上)→左后门窗开关升(开关向左)→左后门窗电机→左后门窗开关降(开关向右)→主开关左后车窗降(开关向下)→搭铁,驾驶员控制左后车窗玻璃上升。

闭合点火开关,驾驶员控制主开关,左后玻璃开关闭合,电流从蓄电池的正极→点火开关→熔断器→主开关左后车窗降(开关向上)→左后门窗开关降(开关向右)→左后门窗电机→左后门窗开关升(开关向左)→主开关左后车窗升(开关向下)→搭铁,驾驶员控制左后车窗玻璃下降。

2)乘客控制左后车窗玻璃

闭合点火开关,乘客控制分开关,左后玻璃开关闭合,电流从蓄电池的正极→点火开关→熔断器→分开关左后车窗降(开关向右)→左后门窗电机→左后门窗开关升(开关向左)→主开关左后车窗升(开关向下)→搭铁,乘客控制左后车窗玻璃上升。

闭合点火开关,乘客控制分开关,左后玻璃开关闭合,电流从蓄电池的正极→点火开关→熔断器→分开关左后车窗升(开关向右)→左后门窗电机→左后门窗开关升(开关向右)→主开关左后车窗降(开关向下)→搭铁,乘客控制左后车窗玻璃下降。

【实训指导】

(1)任务描述

操纵主开关,所有电动车窗均不升降。

（2）操作指引

1）组织方式

①场地设施：举升机1台。

②设备设施：BYD F3-R轿车。

③工量具：汽车拆卸工具、数字万用表、探针等。

④耗材：棉纱、防护套等。

2）操作要点

①穿戴干净整洁的工作服。

②遵守场地安全规定，注意用电安全。

③正确使用拆装工具、数字万用表、测量仪器等工具。

（3）任务实施及工单

操纵主开关，所有电动车窗均不升降					
学生姓名		学号		日期	
实训场地				课时	

（1）车辆基本信息

车型		年份		制造商	
实训车号		VIN码			
燃油		蓄电池电压		里程	
机油数量		制动液数量		其余油液数量	

（2）计划与决策

1）本次任务：确定操纵主开关，所有电动车窗均不升降的检修方案。

2）根据任务要求，确定所需要的技术资料，并对小组成员进行合理分工。

①本次任务所需要的技术资料。

②本次任务所需要的检测仪器及常用工具。

③完成本次任务的安全注意事项。

④小组成员分工及小组成员具体任务分配。

姓　名	任务分配内容	备　注

⑤小组的讨论结果。

（3）实施

①发动机置于 ON 挡,打开主控开关,玻璃升降器(　　　),打开分开关(　　　)。（正常或不正常）

②操纵主开关,所有电动车窗均不升降的故障原因分析。

③操纵主开关,所有电动车窗均不升降的检修方案。

④对检查结果进行分析、判断,得出结论。

故障点_____;故障原因_____;结论_____。

（4）检查

试车,故障_____。（未排除/已排除）

（5）总结

（4）任务评分

评分点	评分标准	配分/分	扣分/分
测试准备	①初次未进行简单、全面检查（目视）而直接启动发动机的,包括蓄电池电压、冷却液、制动液、润滑油,每项扣 1 分。 ②未安装挡块、尾气抽排设备、翼子板布、座套、方向盘套的,每项扣 1 分 ③驾驶员侧车窗玻璃未降落的,扣 1 分 合计不超过 10 分	10	
人物安全	①初次启动发动机,未请示老师而直接启动发动机的,扣 3 分 ②未警示同伴而直接启动发动机的,每次扣 2 分 合计不超过 5 分	5	
设备使用	①工具、仪器、仪表和测试设备选择不合理的,每次扣 1 分 ②未做好工具、仪器、仪表和测试设备准备工作而直接进行测试的,每次扣 1 分 ③未正确连接仪器、仪表和测试设备到车辆的,每次扣 1 分 ④未正确操作车辆到测试条件而直接进行测试的,每次扣 1 分 ⑤测试设备操作不正确而没有读取出诊断信息的,每次扣 1 分 ⑥每次测试完成后,测试设备未合理归位的,每次扣 1 分 合计不超过 20 分	20	
交流	①测试目的不明确的,每次扣 1 分 ②诊断结论不正确的,每次扣 2 分 合计不超过 10 分	10	
操作规范	①拆卸下的零部件未正确码放的,每次扣 0.5 分 ②测试完成后未正确恢复车辆的,每次扣 1 分 ③操作过程中,不符合相应操作规范的,每次扣 1 分 ④操作过程中对测试设备和车辆可能构成损坏而被老师制止的,每次扣 2 分 合计不超过 20 分	20	
团队协作	①出现队员闲置超过 3 min,每次扣 1 分 ②出现肢体碰撞的,每次扣 1 分 ③出现现场混乱的,扣 1 分 合计不超过 5 分	5	
现场整洁	①地面或工作台不洁的,扣 1 分 ②工具设备摆放凌乱的,扣 1 分 ③工具丢失或脱落的,扣 3 分 合计不超过 3 分	3	
环保意识	启动车辆未连接尾气排放装置的,扣 2 分	2	
报告	①未准确描述故障现象的,扣 3 分 ②诊断思路有问题的,扣 10 分 ③诊断结论错误的,扣 12 分 合计不超过 25 分	25	
合计		100	

【知识拓展】

（1）一键式升降

具有一键式升降功能的电动车窗,以前的控制方式比较复杂,现在比较容易。以宝马为例,每个电动车窗都有一个电动车窗控制模块(ECM),当按下电动车窗的控制开关时,ECM 就开始接受控制开关的信号。如果开关按下的时间小于 0.5 s,那么 ECM 就会控制车窗全开或全闭;如果开关按下的时间大于 0.5 s,那么 ECM 就会一直接通车窗电动机,只有当开关断开时,车窗才会停止上升或下降。

（2）防夹功能

目前没有防夹功能的电动车窗,如果驾驶员或乘客没有注意将手或物体伸出车外,容易被上升的玻璃夹伤。为了安全,现在很多乘用车都采用了电动防夹车窗。欧洲和美国已先后立法,确定电动防夹车窗为汽车的标准配置,以提升行车的安全性和人性化的程度。我国政府对电动防夹车窗的立法也在研究研讨中。现有的电动防夹车窗都是在玻璃升降器的电动机上安装了霍尔元件来感应是否受到阻力,或者安装了其他光学类的传感器。这种电动车窗需要在现有的普通玻璃升降器的基础上安装额外的传感器。

任务 7.3　中控门锁及控制系统

【知识目标】
- 了解中控门锁系统的作用及组成;
- 熟悉中控门锁系统的工作原理。

【能力目标】
- 能正确识读和分析中控门锁系统的电路图;
- 能够诊断、排除中控门锁系统的常见故障。

【相关知识】

为方便驾驶员和乘客开关车门,目前轿车大都采用电动门锁系统,现代轿车的电动门锁大都采用中央控制门锁(简称中控门锁),可以由驾驶员控制所有车门的动作,同时还可与启动系统、点火系统相连接进行防盗控制。

7.3.1　中控门锁概述

（1）中控门锁的功能

根据不同车型、等级和使用地区,汽车中控门锁系统具有不同的功能。一般汽车中控门锁系统的功能如下:

①中央控制。当驾驶员锁止或开锁车门时,其他车门能同时锁止或开锁。

②单独控制。为了方便,除中央控制外,乘客仍可以利用车门的机械式弹簧锁开闭车门。

③速度控制。当车速达到一定数值时,能自动将所有车门锁止。

④两级开锁功能。在钥匙联动开锁功能中,一级开锁操作,只能以机械方法开钥匙所插入的车门。两级开锁操作,则能同时打开其他车门。一般来说,所有车门可以通过左前或右前侧

车门上的钥匙来同时打开和关闭。

⑤安全功能。为了防止有人用棒或类似物从车门玻璃和车窗框之间的缝隙操作门锁控制开关来开启车门,可用门钥匙或发射机(无线门锁遥控器)设置门锁安全功能使门锁控制开关的开锁操作无效。

⑥钥匙遗忘保护功能。当驾驶员侧的车门打开,钥匙遗留在点火开关锁芯中时,如果门锁按钮置于锁止位置(门锁位置开关关闭),由于钥匙遗忘安全电路,所有的车门会开启。

⑦电动车窗不用钥匙的动作功能。驾驶员和乘客的车门都关上,点火开关断开后,电动车窗仍可进行升降操作 60 s。

⑧自动功能。当用钥匙或遥控器将车门打开或锁上时,电动车窗玻璃会自动升降。

(2)中控门锁的组成

中控门锁系统一般包括门锁控制开关、门锁总成、钥匙未锁警告开关、门锁控制 ECU(或集成继电器)、门控开关等。典型中控门锁系统各部件的安装位置,如图 7.25 所示。

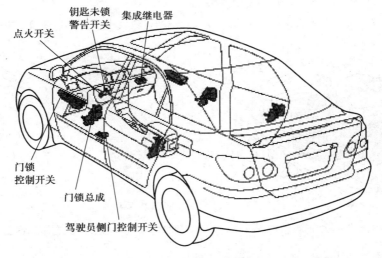

图 7.25　典型中控门锁系统各部件的安装位置

1)门锁控制开关

门锁控制开关一般安装在左前门和右前门的内侧扶手上,如图 7.26 所示。通过门锁控制开关可以同时锁止和开锁所有的车门。

2)门锁总成

门锁总成主要由门锁传动机构、门锁电动机、门锁位置开关、外壳等组成,其结构如图 7.27 所示。门锁电机可以正反转,从而将车门锁止或开锁。

①钥匙控制开关:安装在每个前门的门锁总成内,当从外面用钥匙开门或关门时,钥匙控制开关便发出锁止或开锁的信号给门锁控制 ECU(或门锁集成继电器)。

②门锁电动机:它是门锁的执行器,当门锁电动机转动时,蜗杆带动蜗轮转动,蜗轮推动锁杆,使车门锁止或开锁,然后蜗轮在复位弹簧的作用下回到中间位置。其结构如图 7.28 所示。

③门锁位置开关:位于门锁总成内,用来检测车门的锁止状态,它由一个触点板和一个开关座组成。当锁杆推向锁止位置时,门锁位置开关断开;推向开门位置时,门锁位置开关接通。即当车门关闭时,此开关断开;当车门打开时,此开关接通。图 7.29 为门锁位置开关在车门锁止和开锁时的状态。

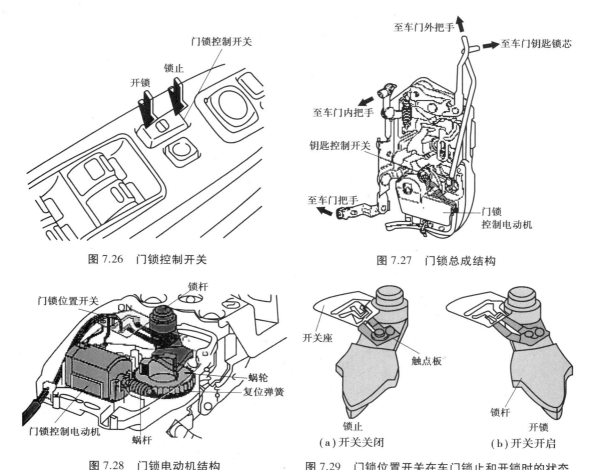

图 7.26 门锁控制开关

图 7.27 门锁总成结构

图 7.28 门锁电动机结构

图 7.29 门锁位置开关在车门锁止和开锁时的状态

3) 钥匙未锁警告开关

钥匙未锁警告开关用来检测钥匙是否插入点火开关锁芯中。

4) 门锁控制 ECU(或集成继电器)

门锁控制 ECU(或集成继电器)接收来自各开关的信号并向各门锁总成传送锁止或开锁信号,以便驱动各车门的门锁电动机。

5) 门控开关

门控开关用来检测车门的开闭情况。车门打开时,门控开关接通;车门关闭时,门控开关断开。

7.3.2 中控门锁的工作过程

(1)继电器控制的中央门锁控制系统

使用门锁继电器的中央门锁控制电路,如图 7.30 所示。

当用钥匙转动锁芯,门锁主开关中的"开锁"触点闭合时,电源给开锁继电器线圈供电,开锁继电器动合触点闭合。于是电流便经过蓄电池正极→熔断丝→开锁继电器动合触点→4 个门锁电动机→锁止继电器动断触点搭铁,4 个车门同时打开。当用钥匙转动锁芯,门锁主开关中的"锁止"触点闭合时,锁止继电器线圈通电使动合触点闭合,4 个车门同时锁住。

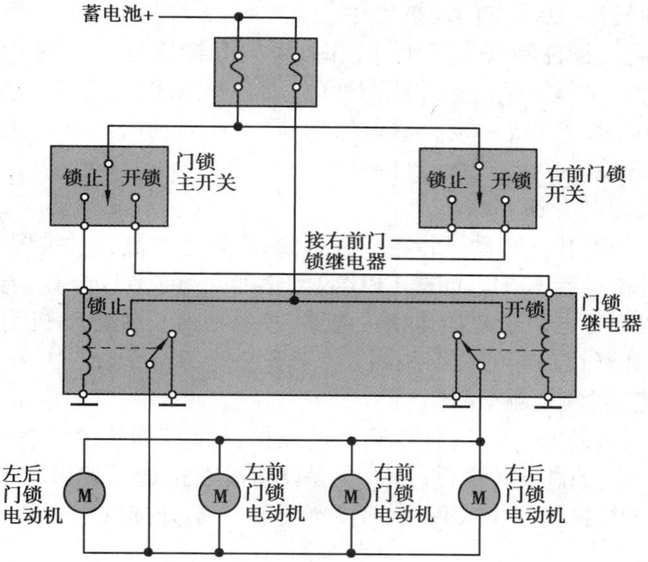

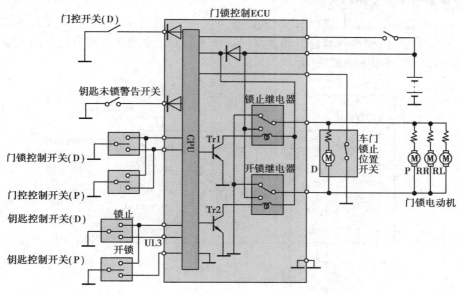

图 7.30　门锁继电器控制的中央门锁电路

(2)ECU 控制的中央门锁系统

ECU 控制的中央门锁系统电路如图 7.31 所示。ECU 控制的中央门锁系统可以根据各种开关发出的信号来控制两个继电器的工作情况。电路中的 D 和 P 代表驾驶员侧和乘客侧。

图 7.31　ECU 控制的中央门锁系统控制电路

1)手动锁门和开锁功能

①锁门:驾驶员将门锁控制开关置于锁止时,车门锁止信号传送到门锁控制 ECU 中的 CPU。CPU 收到信号后,使 Tr1 导通约 0.2 s,于是锁止继电器线圈通电,动合触点闭合,电流从

蓄电池正极→锁止继电器动合触点→4 个门锁电动机→开锁继电器动断触点→搭铁,所有门锁电动机沿锁止方向转动,所有车门均被锁住。

②开锁:驾驶员将门锁控制开关置于开锁时,车门开锁信号传送到 CPU。CPU 收到信号后,使 Tr2 导通约 0.2 s,于是开锁继电器线圈通电,动合触点闭合,电流从蓄电池正极→开锁继电器动合触点→4 个门锁电动机→锁止继电器动断触点→搭铁,所有门锁电动机沿开锁方向转动,所有车门均被开锁。

2)用车门钥匙锁门和开锁

将钥匙插入车门钥匙孔并转动进行锁门或开锁时,钥匙控制开关被置于锁止或开锁位置,车门锁止或开锁信号传送到 CPU。同样 CPU 收到信号后,使 Tr1 或 Tr2 导通约 0.2 s,相应的锁止或开锁继电器线圈通电。于是接通相关电路,控制所有门锁电动机沿锁止或开锁方向转动(此处与手动锁门和开锁功能的线路相同)。

3)两步开锁功能(驾驶员侧车门)

当钥匙向开锁方向转动一次,只有本侧车门以机械方式被开锁。在此状态下,门锁控制 ECU 的 UL3 端子被钥匙控制开关搭铁一次,但是 Tr2 没有接通。如果钥匙在 3 s 内向开锁方向旋转两次,UL3 端子被搭铁两次,CPU 使 Tr2 导通。于是开锁继电器线圈通电,所有车门被开锁。

4)钥匙遗忘保护功能

当驾驶员侧车门打开,钥匙在点火开关锁芯中时,如果门锁按钮置于锁止位置,CPU 将 Tr2 导通约 0.2 s。于是开锁继电器线圈通电,所有车门开锁。如果在此状态下操作门锁控制开关锁住车门,所有的车门会先锁止,然后再次打开。

(3)车速感应式中央门锁系统

在中央门锁系统中加装车速(10 km/h)感应开关,当车速在 10 km/h 以上时,若车门未锁止,驾驶员不需动手,门锁控制器会自动地将门锁锁上。如果个别车门要自行开门或锁门也可自行分别操作,其电路如图 7.32 所示。

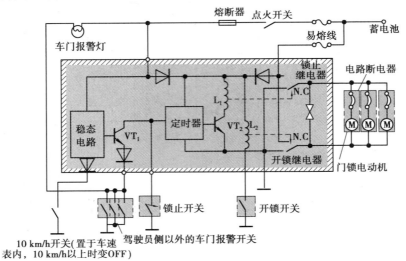

图 7.32　车速感应式中央门锁系统电路

若按下锁止开关,则定时器使晶体管 VT₂ 导通,锁止继电器线圈 L₁ 通电,锁止继电器动合触点闭合,门锁电动机通正向电流,车门锁止。若按下开锁开关,则开锁继电器线圈 L_2 通电,开锁继电器动合触点闭合,门锁电动机通入反向电流,车门开锁。若车门未锁止,且行车速度低于 10 km/h 时,置于车速表内的 10 km/h 开关闭合,此时稳态电路不向晶体管 VT_1 提供基极电流;当行车速度高于 10 km/h 以上时,10 km/h 开关断开,此时稳态电路给 VT_1 提供基极电流,VT_1 导通,定时器触发端经 VT_1 和车门报警开关搭铁,如同按下锁止开关一样,使车门锁止,从而保证了行车安全。

7.3.3   遥控门锁系统

(1)无线遥控门锁系统的功能

遥控门锁系统的作用是不使用钥匙,利用遥控器在一定距离内完成车门的打开及锁止。遥控门锁系统不但能控制驾驶员侧车门,还可控制其他车门和后备厢门。其特点如下:

①遥控门锁控制接收器进行代码识别,车身控制模块实现门锁控制。串行数据线用于车身防盗控制器与车身控制模块间进行通信。

②采用三按键(开锁、闭锁、警告)式遥控器,装备有 LED(发光二极管),监测电池的状况。

(2)无线遥控门锁系统的组成

遥控门锁系统由发射器、接收器、门锁遥控控制组件(ECU)、门锁控制组件以及执行器等组成。无线遥控门锁系统零部件位置如图 7.33 所示。

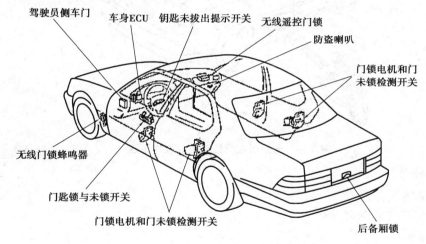

图 7.33   无线遥控门锁系统零部件位置

发射器也称遥控器,其作用是利用发射开关发射规定代码的无线遥控信号,控制驾驶员侧车门、其他车门、后备厢门等的开启和锁闭,且具有寻车功能。发射器分为组合型(发射器与点火钥匙合二为一)和分开型两种,如图 7.34 所示。

(3)无线遥控门锁系统的工作原理

无线遥控门锁系统的工作原理如图 7.35 所示。当按下发射器的锁定开关时,车辆钥匙信号被发送出去。当车身控制模块(BCM)通过天线接收到这些代码时,控制模块进行核对和判断。若控制模块识别出收到的车辆识别码是车门锁定,则导通所有车门上锁输出继电器,通过对应继电器给所有车门电动机通电,完成所有车门的锁定操作。

当所有车门解锁操纵时,给所有电动机通相反方向的电流,则完成所有车门的解锁操作。

其他车门单独的锁定或解锁操作与上述过程类似,通过导通对应车门锁定或解锁继电器,则完成对应车门的相关操纵。

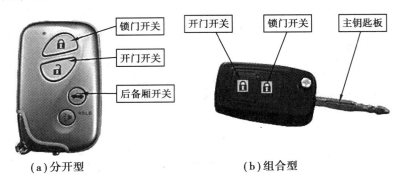

(a)分开型　　　　　　　　　　(b)组合型

图 7.34　发射器

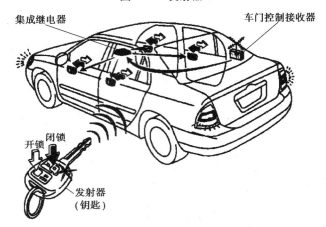

图 7.35　无线遥控门锁系统的工作原理

【实训指导】

(1)任务描述

右前车门锁不工作故障检修。

(2)操作指引

1)组织方式

①场地设施:举升机 1 台。

②设备设施:BYD F3-R 轿车。

③工量具:汽车拆卸工具、数字万用表、探针等。

④耗材:棉纱、防护套等。

2)操作要点

①穿戴干净整洁的工作服。

②遵守场地安全规定,注意用电安全。

③正确使用拆装工具、数字万用表、测量仪器等工具。

（3）任务实施及工单

任务　右前车门锁不工作故障检修					
学生姓名		学号		日期	
实训场地				课时	

（1）车辆基本信息

车型		年份		制造商	
实训车号		VIN 码			
燃油		蓄电池电压		里程	
机油数量		制动液数量		其余油液数量	

（2）计划与决策

1）本次任务：确定右前车门锁不工作故障检修的检修方案。

2）根据任务要求，确定所需要的技术资料，并对小组成员进行合理分工。

①本次任务所需要的技术资料。

②本次任务所需要的检测仪器及常用工具。

③完成本次任务的安全注意事项。

④小组成员分工及小组成员具体任务分配。

姓　名	任务分配内容	备　注

⑤小组的讨论结果

（3）实施

1）发动机置于 ON 挡，操纵中控门锁，右前中控门锁工作（　　　），其余中控门锁工作（　　　）。（正常或不正常）

2）右前车门锁不工作的故障原因分析。

3）右前车门锁不工作的故障检修步骤。

4）对检查结果进行分析、判断，得出结论。
故障点_____；故障原因_____；结论_____。

（4）检查
试车，故障_____。（未排除/已排除）

（5）总结

（4）任务评分

评分点	评分标准	配分/分	扣分/分
测试准备	①初次未进行简单、全面检查（目视）而直接启动发动机的，包括蓄电池电压、冷却液、制动液、润滑油，每项扣 1 分 ②未安装挡块、尾气抽排设备、翼子板布、座套、方向盘套的，每项扣 1 分 ③驾驶员侧车窗玻璃未降落的，扣 1 分 合计不超过 10 分	10	

续表

评分点	评分标准	配分/分	扣分/分
人物安全	①初次启动发动机,未请示老师而直接启动发动机的,扣 3 分 ②未警示同伴而直接启动发动机的,每次扣 2 分 合计不超过 5 分	5	
设备使用	①工具、仪器、仪表和测试设备选择不合理的,每次扣 1 分 ②未做好工具、仪器、仪表和测试设备准备工作而直接进行测试的,每次扣 1 分 ③未正确连接仪器、仪表和测试设备到车辆的,每次扣 1 分 ④未正确操作车辆到测试条件而直接进行测试的,每次扣 1 分 ⑤测试设备操作不正确而没有读取出诊断信息的,每次扣 1 分 ⑥每次测试完成后,测试设备未合理归位的,每次扣 1 分 合计不超过 20 分	20	
交流	①测试目的不明确的,每次扣 1 分 ②诊断结论不正确的,每次扣 2 分 合计不超过 10 分	10	
操作规范	①拆卸下的零部件未正确码放的,每次扣 0.5 分 ②测试完成后未正确恢复车辆的,每次扣 1 分 ③操作过程中,不符合相应操作规范的,每次扣 1 分 ④操作过程中对测试设备和车辆可能构成损坏而被老师制止的,每次扣 2 分 合计不超过 20 分	20	
团队协作	①出现队员闲置超过 3 min,每次扣 1 分 ②出现肢体碰撞的,每次扣 1 分 ③出现现场混乱的,扣 1 分 合计不超过 5 分	5	
现场整洁	①地面或工作台不洁的,扣 1 分 ②工具设备摆放凌乱的,扣 1 分 ③工具丢失或脱落的,扣 3 分 合计不超过 3 分	3	
环保意识	启动车辆未连接尾气排放装置的,扣 2 分	2	
报告	①未准确描述故障现象的,扣 3 分 ②诊断思路有问题的,扣 10 分 ③诊断结论错误的,扣 12 分 合计不超过 25 分	25	
合计		100	

任务 7.4　电动后视镜及控制电路

【知识目标】
- 了解汽车电动后视镜的作用及组成；
- 熟悉汽车电动后视镜的工作原理。

【能力目标】
- 能正确识读和分析汽车电动后视镜的电路图；
- 能够诊断、排除汽车电动后视镜的常见故障。

【相关知识】

7.4.1　汽车电动后视镜的功能

汽车后视镜俗称倒车镜，安装在汽车左右两侧，一般分为车内和车外两种，如图 7.36 所示。其功用主要是让驾驶员观察汽车左右两侧及后方的行人、车辆以及其他障碍物的情况，确保行车或倒车安全。

为了便于驾驶员调整后视镜的角度，很多轿车安装了电动后视镜，驾驶员在行车时便可方便地对左右后视镜的角度进行随时调节。

图 7.36　汽车后视镜

除此之外，电动后视镜还有折回功能和加热功能。电动后视镜折回功能可防擦伤及缩小停车泊位空间，保证在后视安全性上把损害降低到最小限度。有的后视镜设计成电动折叠式，驾驶员在车内可方便调节。

后视镜加热功能是指当汽车在雨雪天气行驶时，后视镜可通过钳于镜片后的电热丝加热，确保镜片清晰。图 7.37 为 LS400 轿车风窗除霜系统电路图。因为除霜系统耗电很大（30 A 以上），所以系统采用了定时电路。

当接通除霜器开关后，除霜器开关使除霜继电器的磁化线圈搭铁，继电器触点闭合，风窗玻璃及后视镜上的电热丝通电发热，使冰霜受热蒸发。除霜器开关中的时间继电器维持除霜继电器导通 10~20 min，然后自动切断除霜继电器的电路，使电热丝断电。若想继续除霜，可再次接通除霜开关。

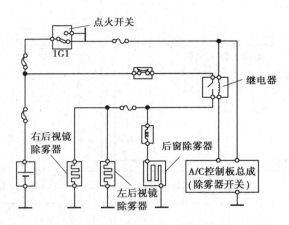

图 7.37　LS400 轿车风窗除霜系统电路图

7.4.2　汽车电动后视镜的组成

电动后视镜一般由后视镜片、电动机、后视镜固定架、后视镜罩、控制电路及操纵开关等组成,如图 7.38 所示。在每个电动后视镜的背后装两个可逆电动机和驱动机构,通过主开关,选择 L 或 R,通过操作开关可选择左或右后视镜上下及左右转动。上下方向的转动由一个电动机控制;左右方向的转动由另一个电动机控制。通过改变电动机的电流方向,对镜片的角度进行上下偏转和左右偏转调节,调节范围为 20° ~ 30°。

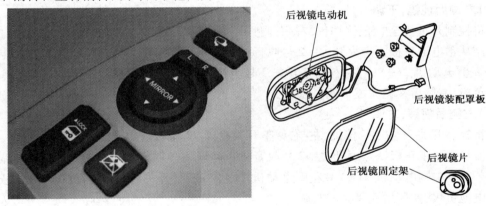

图 7.38　电动后视镜的组成

7.4.3　汽车电动后视镜的工作原理及控制电路

汽车电动后视镜的控制电路,如图 7.39 所示。

以左侧后视镜为例,说明电动后视镜的具体工作过程。

(1)左侧后视镜,上调

先将控制开关拨至"向上"挡位,左/右调整开关拨至"7"位置。

电流从蓄电池正极→点火开关→2 号收音机保险丝→控制开关"向上"挡位→左/右调整开关"7"位置→左侧电动机 2(3)→左侧电动机 1(4)→控制开关"左上"挡位→电动镜开关 3 号→蓄电池负极,左侧后视镜完成上调。

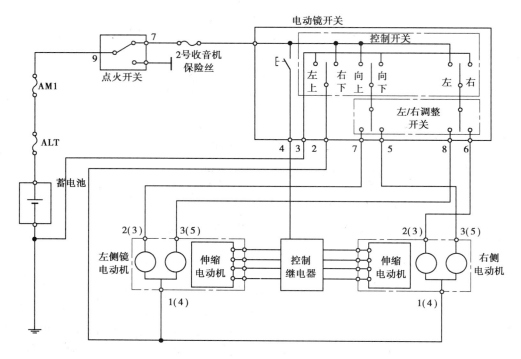

图 7.39　汽车电动后视镜的控制电路

（2）左侧后视镜，下调

先将控制开关拨至"右下"挡位，左/右调整开关拨至"7"位置。

电流从蓄电池正极→点火开关→2 号收音机保险丝→控制开关"右下"挡位→左侧电动机 1（4）→左侧电动机 2（3）→左/右调整开关 7 号→控制开关"向下"挡位→电动镜开关 3 号→蓄电池负极，左侧后视镜完成下调。

（3）左侧后视镜，左调

先将控制开关拨至"左"挡位，左/右调整开关拨至"8"位置。

电流从蓄电池正极→点火开关→2 号收音机保险丝→控制开关"左"挡位→左/右调整开关"8"位置→左侧电动机 3（5）→左侧电动机 1（4）→控制开关"左上"挡位→电动镜开关 3 号→蓄电池负极，左侧后视镜完成左调。

（4）左侧后视镜，右调

先将控制开关拨至"右下"挡位，左/右调整开关拨至"7"位置。

电流从蓄电池正极→点火开关→2 号收音机保险丝→控制开关"右下"挡位→左侧电动机 1（4）→左侧电动机 3（5）→左/右调整开关 8 号→控制开关"右"挡位→电动镜开关 3 号→蓄电池负极，左侧后视镜完成右调。

【实训指导】

（1）任务描述

电动后视镜不工作故障检修。

（2）操作指引

1）组织方式

①场地设施:举升机 1 台。

②设备设施:BYD F3-R 轿车。

③工量具:汽车拆卸工具、数字万用表、探针等。

④耗材:棉纱、防护套等。

2）操作要点

①穿戴干净整洁的工作服。

②遵守场地安全规定,注意用电安全。

③正确使用拆装工具、数字万用表、测量仪器等工具。

（3）任务实施及工单

<table>
<tr><td colspan="6" align="center">电动后视镜不工作故障检修</td></tr>
<tr><td>学生姓名</td><td></td><td>学号</td><td></td><td>日期</td><td></td></tr>
<tr><td>实训场地</td><td></td><td></td><td></td><td>课时</td><td></td></tr>
</table>

（1）车辆基本信息

车型		年份		制造商	
实训车号		VIN 码			
燃油		蓄电池电压		里程	
机油数量		制动液数量		其余油液数量	

（2）计划与决策

1）本次任务:确定电动后视镜不工作故障检修的方案。

2）根据任务要求,确定所需要的技术资料,并对小组成员进行合理分工。

①本次任务所需要的技术资料。

②本次任务所需要的检测仪器及常用工具。

③完成本次任务的安全注意事项。

④小组成员分工及小组成员具体任务分配。

姓　名	任务分配内容	备　注

⑤小组的讨论结果。

（3）实施

1）电动后视镜不工作的故障原因分析。

2）电动后视镜不工作的故障检修步骤。

3）对检查结果进行分析、判断,得出结论。

故障点_____;故障原因_____;结论_____。

（4）检查

试车,故障_____。（未排除/已排除）

（5）总结

（4）任务评分

评分点	评分标准	配分/分	扣分/分
测试准备	①初次未进行简单、全面检查（目视）而直接启动发动机的,包括蓄电池电压、冷却液、制动液、润滑油,每项扣 1 分 ②未安装挡块、尾气抽排设备、翼子板布、座套、方向盘套的,每项扣 1 分 ③驾驶员侧车窗玻璃未降落的,扣 1 分 合计不超过 10 分	10	
人物安全	①初次启动发动机,未请示老师而直接启动发动机的,扣 3 分 ②未警示同伴而直接启动发动机的,每次扣 2 分 合计不超过 5 分	5	
设备使用	①工具、仪器、仪表和测试设备选择不合理的,每次扣 1 分 ②未做好工具、仪器、仪表和测试设备准备工作而直接进行测试的,每次扣 1 分 ③未正确连接仪器、仪表和测试设备到车辆的,每次扣 1 分 ④未正确操作车辆到测试条件而直接进行测试的,每次扣 1 分 ⑤测试设备操作不正确而没有读取出诊断信息的,每次扣 1 分 ⑥每次测试完成后,测试设备未合理归位的,每次扣 1 分 合计不超过 20 分	20	
交流	①测试目的不明确的,每次扣 1 分 ②诊断结论不正确的,每次扣 2 分 合计不超过 10 分	10	
操作规范	①拆卸下的零部件未正确码放的,每次扣 0.5 分 ②测试完成后未正确恢复车辆的,每次扣 1 分 ③操作过程中,不符合相应操作规范的,每次扣 1 分 ④操作过程中对测试设备和车辆可能构成损坏而被老师制止的,每次扣 2 分 合计不超过 20 分	20	
团队协作	①出现队员闲置超过 3 min,每次扣 1 分 ②出现肢体碰撞的,每次扣 1 分 ③出现现场混乱的,扣 1 分 合计不超过 5 分	5	
现场整洁	①地面或工作台不洁的,扣 1 分 ②工具设备摆放凌乱的,扣 1 分 ③工具丢失或脱落的,扣 3 分 合计不超过 3 分	3	
环保意识	启动车辆未连接尾气排放装置的,扣 2 分	2	
报告	①未准确描述故障现象的,扣 3 分 ②诊断思路有问题的,扣 10 分 ③诊断结论错误的,扣 12 分 合计不超过 25 分	25	
合计		100	

【知识拓展】

电控变色自动防眩目内后视镜

自动防眩目内后视镜由一个特殊镜面、两个光敏二极管及电子控制器组成。两个光敏二极管中一个安装在后视镜正面,另一个安装在后视镜背面,它们分别接收汽车前面及后面射来的光线。当后车的前照灯照射在车内后视镜上时,通过两个光敏二极管的信号比较可以判断

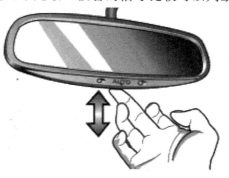

后面的光强于前面的光,于是电子控制器就会施加电压给后视镜镜面的导电层,从而改变镜面电化层颜色。电压越高,后视镜镜面电化层颜色越深,后面射来的强光就会被镜面吸收掉很大一部分,余下反射到驾驶员眼内的光线就变得柔和多了。镜面电化层使反射层根据后方光线的入射强度,自动持续变化以防止眩目。

图 7.40　电控变色自动防眩目内后视镜

电控变色自动防眩目内后视镜如图 7.40 所示。内后视镜底座旁边有一个开关,可将系统设置在"自动(AUTO)"或"关闭(OFF)"位置。开关处于关闭位置时,内后视镜不具备防眩目功能。开关处于自动位置时,内后视镜将自动根据需要改变颜色,减小炫光。

任务 7.5　安全气囊系统及控制电路

【知识目标】

- 了解汽车安全气囊系统的作用及组成;
- 熟悉汽车安全气囊系统的工作原理。

【能力目标】

- 能分析汽车安全气囊系统的控制过程、动作过程和有效作用范围;
- 能够诊断、排除汽车安全气囊系统的常见故障。

【相关知识】

7.5.1　汽车安全气囊系统概述

安全气囊系统(Supplemental Restraint System,SRS)也称为辅助成员保护系统,是一种当汽车遇到碰撞而急剧减速时能很快膨胀的缓冲垫,可保护车内成员不撞到车厢内部。它是一种被动内圈装置,具有不受约束、使用方便和美观的优点。根据碰撞类型的不同,安全气囊可分为正面碰撞防护安全气囊、侧面碰撞防护安全气囊和顶部碰撞防护安全气囊,如图 7.41 所示。

（1）安全气囊系统的组成

安全气囊系统主要由传感器、电控单元(ECU)、安全气囊警告灯、安全气囊组件等组成,如图 7.42 所示。

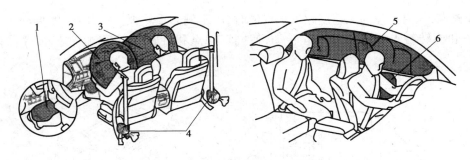

图 7.41　安全气囊的安装位置

1—膝部安全气囊；2—驾驶员侧安全气囊；3—乘客侧安全气囊；
4—安全带收紧器；5—侧面窗帘式安全气囊；6—侧面安全气囊

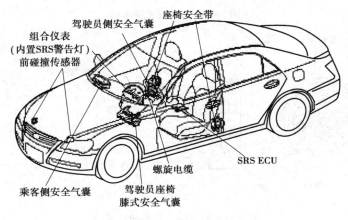

图 7.42　安全气囊系统的组成

1）传感器

传感器的作用是检测车辆发生事故后的碰撞信号，输送给 ECU，以便及时启动常规安全气囊。传感器按其功能分为前碰撞传感器、中央碰撞传感器和保险传感器。前碰撞传感器负责检测汽车前部碰撞的激烈程度；中央碰撞传感器负责检测汽车中央碰撞的激励程度；保险传感器也称为触发传感器，其闭合所需的减速度要稍小一些，起保险作用，防止因前碰撞传感器短路而造成常规安全气囊误膨胀开。

①前碰撞传感器：用来检测汽车遭受碰撞的激烈程度，大多设置 2~4 个，一般安装在车身前部翼子板内侧、前照灯支架下面及散热器支架侧等处。对称装有侧向安全气囊系统的汽车，在左右侧也装有碰撞传感器。

前碰撞传感器相当于一个控制开关，按结构可分为机械式和电子式两种，机械式又有滚球式、偏心锤式和滚轴式等类型。

图 7.43 为丰田轿车所采用的偏心锤式传感器，图 7.44 为其结构，主要由外壳、偏心转子、偏心重块、固定触点和旋转触点等组成。在传感器本体外侧有一个电阻 R，其作用是对系统进行自检时，检测安全气囊 ECU 与碰撞传感器之间的线路是否有断路或短路。

偏心锤式传感器的工作原理，如图 7.45 所示。在正常情况下，偏心转子和偏心重块在螺旋弹簧力的作用下，紧靠在与外壳相连的止动器上。此时固定触点和旋转触点并未接合。当

185

发生正面碰撞,如果碰撞的减速度超过预定值时,由于偏心重块惯性的作用,使偏心重块连同偏心转子和旋转触点作为整体一起转动,使固定触点和旋转触点接触,碰撞传感器输出电信号。

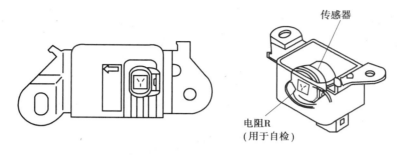

图 7.43　偏心锤式传感器

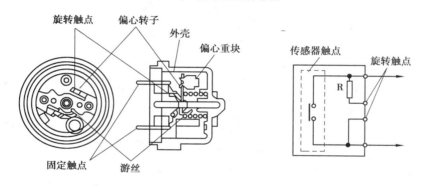

图 7.44　偏心锤式传感器的结构

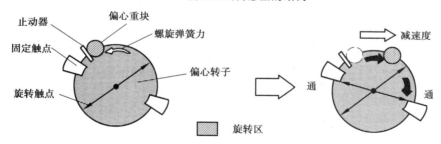

图 7.45　偏心锤式传感器的工作原理

②中央碰撞传感器:安装在车身前部中央位置,还有部分车型安装在安全气囊 ECU 内部。

中央碰撞传感器有采用电阻应变的半导体型和机械型两种。半导体型传感器由电阻应变片和集成电路组成,测量减速度,并将其转换为电信号送至点火控制电路,用于判断安全气囊是否需要启动。机械型传感器在正面碰撞中受到超出预定值的减速力时,其触点接触并启动安全气囊。

③安全传感器:用来防止在非碰撞的情况下引起气囊的误动作,信号供给安全气囊电控单元以判断是否真发生碰撞。安全传感器一般安装在安全气囊 ECU 内部,通常有两个。

一般情况下,安全传感器动作所需要的惯性力或减速度要小些。在 SRS 中,只有当安全传感器与任意一个碰撞传感器同时接通时,SRS 电路才接通,气囊才可能充气。

2)安全气囊组件

安全气囊组件主要包括气体发生器、点火器、气囊、饰盖和底盘等。驾驶员安全气囊组件位于转向盘中心处,乘员安全气囊组件位于仪表板右侧手套盒的上方。

①气体发生器:在点火器引爆点火剂时,气体发生器产生气体,向安全气囊充气,使常规安全气囊膨胀开。气体发生器用专用螺栓和专用螺母固定在安全气囊支架上,只能用专用工具装配。气体发生器由上盖、下盖、充气剂(片状叠氮化钠)和金属滤网等组成,如图 7.46 所示。上盖上制有若干个充气孔,充气孔有长方孔和圆孔两种。下盖上制有安装孔,以便将气体发生器安装在安全气囊支架上。上盖与下盖用冷压工艺压装成一体,壳体内装有充气剂、金属滤网和点火器。金属滤网安装在气体发生器的内表面,用以过滤充气剂和点火剂燃烧后的渣粒。气体发生器利用化学反应的热效应产生氮气充入安全气囊。在点火器引爆点火剂的瞬间,点火剂会产生大量热量,叠氮化钠受热立即分解释放氮气,并从充气孔充入安全气囊。

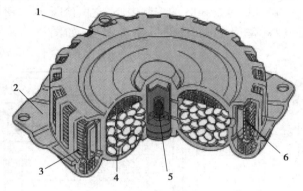

图 7.46　气体发生器

1—上盖;2—充气孔;3—下盖;4—气体发生剂;5—点火器药筒;6—过滤器

②点火器:外包铝箔,安装在气体发生器内部中央位置,其结构如图 7.47 所示。点火剂包括引爆炸药和引药,引出导线与安全气囊连接器连接,连接器中设有短路片(铜质弹簧片)。当连接器拔下或连接器未完成接合时,短路片将两根引线短路,防止静电或误通电将电热丝电路接通造成安全气囊引爆。

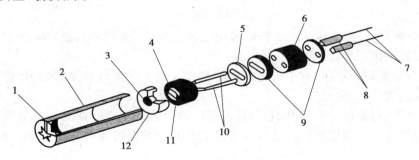

图 7.47　点火器

1—引爆炸药;2—药筒;3—引药;4—电热丝;5—陶瓷片;6—永久磁铁;
7—引出导线;8—绝缘套筒;9—绝缘垫片;10—电极;11—电热丝;12—药托

③气囊:安装在充气装置上部,用塑料盖板护住。气囊在静止状态时,像降落伞未打开时一样折叠成包,安放在气体发生器上部与气囊饰盖之间。气囊按布置位置可分为驾驶员侧气囊、乘员侧气囊、后排气囊、侧面气囊和顶部气囊等。驾驶员侧气囊多采用尼龙布涂氯丁橡胶或有机硅制成。橡胶涂层起密封和保护作用,气囊背面有 2 个泄气孔。乘客侧气囊没有涂层,靠尼龙布本身的孔隙泄气。

3)SRS 指示灯

SRS 指示灯位于仪表板上,如图 7.48 所示。按通点火开关时,诊断单元对系统进行自检,若点亮 6 s 后熄灭,表示安全气囊系统正常;若 6 s 后 SRS 指示灯依然闪烁或一直不熄灭,表示安全气囊系统有故障,提示驾驶员应进行维修。

4)ECU

安全气囊电控单元(SRS ECU)是 SRS 的控制中心,它由诊断电路、点火控制和驱动电路、备用电源、存储电路等组成,如图7.49所示。

图 7.48 SRS 指示灯

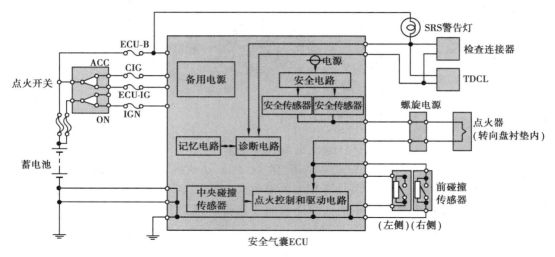

图 7.49 SRS ECU

①诊断电路:此线路不断地诊断 SRS 系统是否有故障。当检测到故障时,SRS 警告灯点亮或闪烁,对驾驶员进行警告。

②点火控制和驱动电路:对中央碰撞传感器传来的信号进行计算,如果计算值比预定值大,它就触发点火,使气囊充气。

③备用电源:由备用电容器和直流-直流变压器组成。在碰撞期间一旦电源系统发生故障,备用电容器放电并向系统提供电力。当蓄电池电压下降到一定值时,直流-直流变压器用于提高电压。

④存储电路:当诊断电路检测到故障时,故障被编成代码并储存在存储电路中。故障码可随时取出,以确定故障部位并进行快速的故障检修。按照车型的不同,存储电路可分为两种形式:一种是当电源中断时,存储内容即自动消失;另一种是即使供应电源中断,存储内容仍能保留。

5)安全气囊线束与保险机构

安全气囊系统工作可靠与否,直接关系到人身安全。为了便于检查排除故障隐患,设计制造的 SRS 线束和连接器与其他电气系统都有区别。安全气囊系统中的所有连接器大多为黄色,以便与其他系统的连接器相区别。为了保证气囊系统可靠工作,SRS 连接器采用了导电性能和耐久性能良好的镀金端子,并设计有防止安全气囊误爆机构、端子双重锁定机构、连接器双重锁定机构和电路连接诊断机构,安全气囊采用的各种特殊连接器如图 7.50 所示。

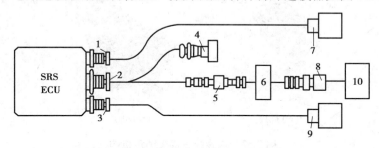

图 7.50　安全气囊采用的各种特殊连接器

1、2、3—ECU 连接器;4—SRS 电源连接器;5—中间线束连接器;
6—螺旋电缆;7—右碰撞传感器连接器;8—安全气囊组件连接器;
9—左碰撞传感器连接器;10—点火器

①防止 SRS 误爆机构:从 SRS ECU 至 SRS 气囊点火器之间的连接器,均采用防止误爆机构。防止误爆机构为一块短路簧片,当连接器插头与插座接在一起时,插头的绝缘体将短路簧片顶起,如图 7.51(a)所示,短路簧片与点火器的两个端子分开,点火器中的电热丝电路处于正常连接状态。当连接器拔开或插座未完全结合时,短路簧片自动将靠近点火器一侧插座上的两个引线端子短接,如图 7.52(b)所示,防止静电或误通电将点火器电路接通而造成气囊误膨胀开。

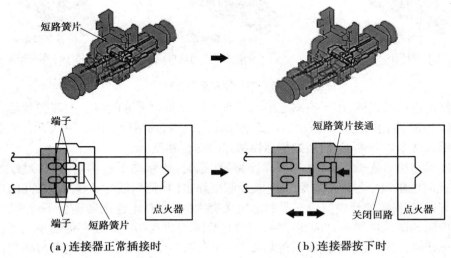

(a)连接器正常插接时　　　　　　　(b)连接器按下时

图 7.51　安全气囊防误爆机构

②端子双重锁定机构:在安全气囊系统的任意一个连接器中,接线端子都设有双重锁定机

构,用于防止接线端子产生滑动,如图 7.52 所示。连接器的插头和插座都是由壳体上的锁柄与分隔片两部分组成的,锁柄为一次性锁定机构,防止端子沿导线轴线方向滑动;分隔片为二次锁定机构,防止端子沿导线径向移动。

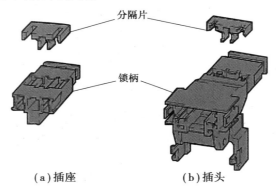

（a）插座 （b）插头

图 7.52　接线端子双重锁定机构

　　③连接器双重锁定机构:安全气囊系统在线束的重要连接部位,连接器采用了双重锁定机构,用于锁定连接器,防止连接器脱开。连接器双重锁定机构如图 7.53 所示。在连接器插头上,设有主锁和两个凸缘。在连接器插座上,设有锁柄能够转动的副锁。当主锁未锁定时,插头上的两个凸台就会阻止副锁锁定,如图 7.53（a）所示;当主锁完全锁定时,副锁锁柄方能转动并锁定,如图 7.53（b）所示;当主锁与副锁双重锁定后,连接器插头与插座的连接状态如图 7.53（c）所示,从而防止连接器脱开。

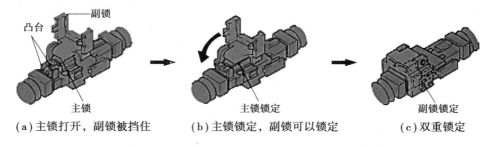

（a）主锁打开,副锁被挡住 （b）主锁锁定,副锁可以锁定 （c）双重锁定

图 7.53　连接器双重锁定机构

　　④电路连接诊断机构:用于检测连接器插头与插座是否可靠连接。前碰撞传感器连接器及其与 SRS ECU 连接的连接器采用了电路连接诊断机构,其结构如图 7.54 所示。连接器上有一个诊断销和两个诊断端子,前碰撞传感器触点为动合触点。

　　当传感器连接器处于半连接（未可靠连接）状态时,诊断端子与诊断销未接触,如图 7.54（a）所示,此时电阻尚未与传感器触点构成并联电路,连接器引线"+"与"-"之间的电阻为无穷大。当 SRS ECU 监测到碰撞传感器的电阻无穷大时,即判定连接器连接不可靠,诊断检测电路就会控制 SRS 故障警告灯闪亮报警,同时将故障编成代码存储在存储器中。当传感器连接器可靠连接时,诊断端子与诊断销可靠接触,如图 7.55（b）所示,此时电阻与碰撞传感器触点构成并联电路。因为碰撞传感器触点为动合触点,所以当 SRS ECU 检测到阻值为并联电阻的阻值时,即判定连接器可靠连接,传感器电路连接正常。

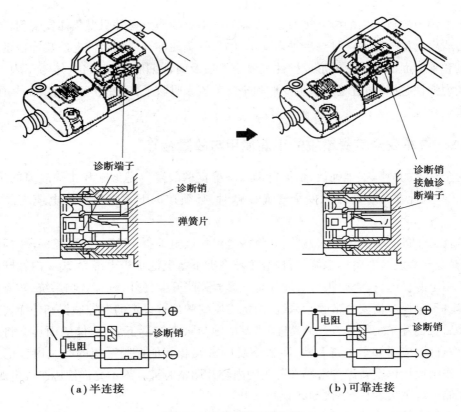

图 7.54　电路连接诊断机构

（2）安全气囊系统的工作原理

安全气囊系统的工作原理,如图 7.55 所示,当汽车前进受前方一定角度范围内的碰撞时,车体会受到强烈的撞击,车速急剧下降。安装在汽车前端的前碰撞传感器和安装在 SRS ECU 内部的中央碰撞传感器都会检测到汽车突然减速的信号,并将此信号输送给 SRS ECU,以便判断是否发生碰撞。当汽车遭受碰撞且减速度达到设定值时,SRS ECU 发出控制指令由驱动电

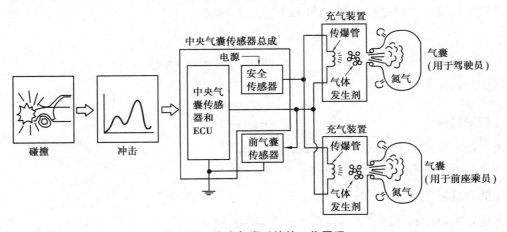

图 7.55　安全气囊系统的工作原理

191

路将气囊组件中的点火器的电路接通,点火器内的点火物质点燃并引燃气体发生剂,气体发生剂受热后放出大量气体并经过滤后进入安全气囊,气囊便冲开气囊组件上的装饰盖迅速展开,在驾驶员和乘客面部和胸部前形成弹性气垫。然后及时泄漏和收缩,将人体与车内构件之间的碰撞变为弹性碰撞,通过气囊产生变形和排气节流来吸收人体碰撞产生的动能,从而有效地保护人体。

7.5.2　汽车安全气囊系统的正确使用与故障检修

①安全气囊的故障很难确认,根据自诊断系统提取故障码是诊断和排除故障的重要途径和信息来源,因此在检查与排除安全气囊故障时,必须在拆下蓄电池负极电缆之前,读出故障码。

②检查工作务必在关闭点火开关,并将蓄电池负极电缆拆下20 s或更长一段时间以后进行,因为安全气囊装备有备用电源,若检查工作在拆下蓄电池负极电缆后20 s内就开始,安全气囊由备用电源供电,检查中很可能使安全气囊误膨胀开。另外,汽车音响系统、防盗系统、时钟、电控座椅、电控座椅安全带收紧系统、微机控制驾驶位置设定的电控倾斜和伸缩转向系统、电控车外后视镜等系统均具有存储功能,当蓄电池负极电缆拆下后,存储的内容会将会消失。因此,在检查前,应通知车主将音响、防盗系统的密码和其他控制系统的有关内容记录下来。当检查工作结束后再重新设置密码和有关的内容并调整时钟。绝不允许使用车外电源来避免各系统存储内容丢失,以免导致SRS误膨胀开。

③安全气囊的保险传感器采用了水银开关式传感器。由于水银蒸汽有剧毒,因此保险传感器更换之后,换下的旧保险传感器不能随意毁掉,应作为有害废物处理。

④绝不能检测点火器的电阻,否则有可能引爆安全气囊。检测其他部件电阻和检测安全气囊故障时,必须使用高阻抗万用表,即最好使用数字式万用表。如果使用指针式万用表,由于其阻抗小,表内电源的电压加到安全气囊上可能引爆安全气囊。在安全气囊各总成或零部件表面上,均标有说明标牌或注意事项,使用与检查时必须按规定进行。

⑤安全气囊一旦引爆膨胀开,SRS ECU就不能继续使用。

任务7.6　汽车防盗系统及控制电路

【知识目标】
- 了解汽车防盗系统的作用及组成;
- 熟悉汽车防盗系统的工作原理。

【能力目标】
- 能正确识读和分析汽车防盗系统的电路图;
- 能够诊断、排除汽车防盗系统的常见故障。

【相关知识】

7.6.1 汽车防盗系统的功能

(1)防止非法进入车辆的防盗报警系统

防盗报警系统启用后,通过监视是否有移动物体进入车内达到防盗的目的。该系统主要为红外线监视系统,布置在车辆内部周围的一组红外传感器构成一道无形帷幕,以监视防盗报警系统启动后是否有移动物体进入车内。该系统安全性高、可靠性强,但由于需要布置多个红外线发射接收装置,成本较高。

(2)防止破坏或非法搬运车辆的防盗报警系统

系统启用后,通过超声波传感器、振动传感器或倾斜传感器监测是否有人破坏或搬动车辆。该系统需增加相应的遥控系统和报警系统,因此成本高,使用不便,而且由于传感器灵敏度难于准确设定,易误报警和漏报警,安全性差,报警信号对环境也构成污染。

(3)防止车辆被非法开走的防盗报警系统

此类防盗报警系统多采用带密码锁的遥控系统,通过校验密码,确定是否容许接通启动机、点火电路等,从而防止车辆被非法开走。其安全性较差、使用不便。

现代防盗报警系统多采用电子应答的方法来判断使用的钥匙是否合法,并以此确定是否容许发动机 ECU 工作。水平较高的防盗报警系统还具备遥控器报警、遥控启动等功能。

7.6.2 汽车防盗系统的类型与特点

汽车防盗装置经历了机械式、电子式、芯片式和网络式4个发展阶段。

(1)机械式防盗

机械式防盗装置是比较常见而又古老的装置,它主要是利用简单的机械式原理锁住汽车上的某一机构,使其不能有效地发挥应有的作用,以达到防盗的目的。目前,国内常见的机械式防盗装置有:

1)转向盘锁

转向盘锁,即常见的拐杖锁。主要是将转向盘与制动踏板连接在一起,使其不能大角度转向或制动,有的可直接使转向盘不能正常使用。

2)轮胎锁

轮胎锁即用一套锁具把汽车的一个轮胎固定,使之不能转动。这种方法比较麻烦,而且锁具也很笨重。

3)变速器锁

在停车后,加上变速器锁,可使汽车不能换挡。

机械式防盗装置主要靠锁定离合器、转向盘、变速杆等来达到防盗的目的,但只能防盗不能报警。其优点是价格便宜,安装简便。缺点是使用不隐蔽,防盗不彻底,拆装较麻烦。机械防盗装置已经历数次技术升级,目前有了较可靠的转向盘锁等。此外,车主为了增加防盗安全系数,给车辆安装数种机械式防盗装置,这样可在一定程度上吓走盗车贼,增加盗贼被发现的可能性。

(2)电子式防盗

随着电子技术在汽车上的应用,各种电子防盗报警器应运而生。它克服了机械锁只能防盗不能报警的缺点,主要靠锁定点火或启动来达到防盗的目的,同时,具有声音报警等功能。电子防盗装置设计先进、结构复杂,包括启动控制、遥控车门和报警3个部分,主要由防盗控制单元识读线圈、警告灯、汽车钥匙等元件组成。点火钥匙和信号发生器制成一体,当钥匙处于接通位置时,防启动装置向钥匙接收器发出电信号,信号接收器随即通过防启动装置向控制单元发送密码信号以供识读。车门控制和报警系统制成一体,报警系统在关闭点火开关、拔下钥匙并锁定车门和后备厢等后自动进入警戒状态,若车门或发动机盖被强行打开,报警系统将自动报警。

汽车电子防盗器一般都具有遥控功能,安装隐蔽,操作简单。缺点是容易误报,不能从根本上解决车辆丢失问题。目前,汽车电子防盗器增加了许多方便和实用的附加功能。现在市场上出现了具有双向功能的电子防盗器,它不仅能由车主遥控车辆,车辆还能将自身状态传送给车主。

（3）芯片式防盗

目前,在汽车防盗领域位居重点的当属芯片式数码防盗器。它通过锁住汽车马达、电路和油路达到防盗目的,若没有芯片钥匙便无法启动车辆。数字化的密码重码率极低,且要用密码钥匙接触车上的密码锁才能开锁,杜绝了被扫描的可能。由于其特点突出且使用方便,大多数轿车均采用它作为原配防盗器。目前,进口的很多高档车及国产大众、广州本田等车型已装有芯片防盗器。芯片式防盗系统已发展到第四代,除了具有比电子防盗系统更有效的防盗作用外,它还具有特殊诊断功能。如独特的射频识别技术可保证系统在任何情况下都能正确识别驾驶者,当驾驶者接近或远离车辆时可自动识别其身份,打开或关闭车锁。

（4）网络式防盗

网络式防盗系统通过网络实现车门的开关和车辆的启动、截停、定位及根据车主要求提供远程车况报告等功能。目前,主要使用的网络式防盗系统有GPS(卫星定位系统)。GPS主要靠锁定点火或启动发动机达到防盗的目的。采用GPS技术的汽车反劫防盗系统由安装在智慧中心的中央控制系统、安装在车辆上的移动GPS终端及GSM通信网络组成,接收全球定位卫星发出的定位信息,计算移动目标的经纬度、速度和方向,并利用GSM网络的短信息平台作为通信媒介实现定位信息的传输,具有传统GPS通信方案无法比拟的优势。

一旦汽车防盗或出现异常,智慧中心可立即通过GPS接收终端设备信号,确定汽车实时地理位置和多方面信息,配合各方面力量及网络优势追回汽车,同时能停止发动机,使汽车不能行驶。

网络式防盗突破了距离的限制,覆盖范围广,可用于被盗汽车的追踪侦查,可全天候。但GPS防盗技术存在信号盲区、报警迟缓等缺陷。

7.6.3　汽车防盗系统的组成

防盗报警系统由各种开关、ECU和报警装置等组成,如图7.56所示。

（1）ECU

ECU包括防盗ECU和车身ECU,当ECU接收到各开关的信号和检测到汽车被盗情况时,报警装置发出报警信号。ECU系统控制框图,如图7.57所示。

（2）报警装置

报警装置包括安全喇叭、车辆喇叭、前照灯、尾灯、防盗指示灯等。其中防盗指示灯用来指

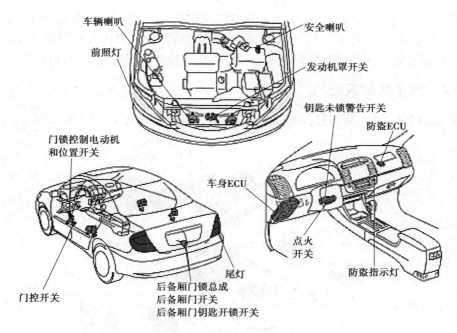

图 7.56　防盗报警系统的组成

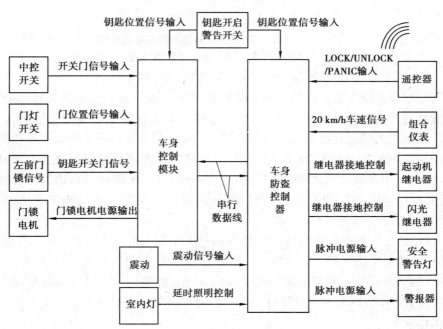

图 7.57　ECU 系统控制框图

示系统是否处于警戒状态。当系统处于有警戒态时,指示灯闪烁,提示汽车周围的人,此车装有防盗报警系统。

（3）各种开关

各种开关包括门控开关、发动机罩开关、后备厢门开关、点火开关、钥匙未锁警告开关、门锁位置开关、后备厢门钥匙开锁开关等。其中门控开关、发动机罩开关和后备厢门开关用于检测各车门、发动机罩、后备厢门的开/闭状态。钥匙未锁警告开关用来检测钥匙是否插入点火锁芯中。门锁位置开关和后备厢门钥匙开锁开关用来检测各门的锁止/开锁状态。

7.6.4　汽车防盗系统的工作原理

以桑塔纳 2000 轿车防盗报警系统为例,说明汽车防盗系统,如图 7.58 所示。

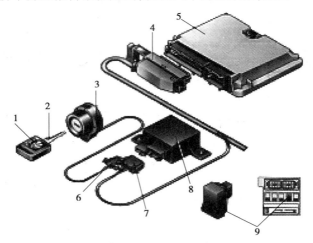

图 7.58　桑塔纳 2000 轿车防盗报警系统的组成

1—脉冲转发器;2—汽车钥匙;3—识读线圈;4、6、7—连接器;
5—发动机控制单元;8—防盗 ECU;9—防盗指示灯

汽车防盗报警系统安装匹配后,防盗 ECU 便存储了该车发动机 ECU 的识别密码以及 3 把钥匙中脉冲转发器的识别密码,同时每个脉冲转发器也存储了相应的防盗 ECU 的有关信息。将钥匙插入点火锁芯并接通点火开关时,防盗 ECU 首先通过锁芯上的识读线圈将一随机数据传输给钥匙中的脉冲转发器,经特定运算后,脉冲转发器将结果反馈给防盗 ECU,防盗 ECU 将其与 ECU 中存储的识别密码相比较,若密码吻合,系统即认定该钥匙为合法钥匙。防盗 ECU 还要对发动机 ECU 进行识别。只有钥匙(脉冲转发器)、发动机 ECU 的密码都吻合时,防盗 ECU 才容许发动机 ECU 工作。

防盗 ECU 通过一根串行通信线将经过编码的工作指令传到发动机 ECU,发动机 ECU 根据防盗 ECU 的数据来决定是否启动汽车。同时,诊断仪可通过串行通信接口(K 线)对系统进行故障诊断、编码等操作。在识别密码的过程(2 s)中,防盗指示灯会保持点亮状态。如果有任何错误发生,发动机 ECU 将停止工作,同时指示灯会以一定频率闪亮。

【知识拓展】

汽车钥匙基础知识

汽车钥匙:开关汽车的工具。现在汽车钥匙均使用芯片,为磁性芯片系统。汽车点火锁芯的读识线圈将对钥匙的芯片进行读取;芯片都有固定的数字信息。

遥控钥匙:遥控钥匙是指不用把钥匙键插入锁孔中就可以远距离开门和锁门,最大的优点是:不管白天黑夜,无须探明锁孔,也可以远距离、方便地进行开锁和闭锁。

无钥匙启动:无钥匙启动采用无线射频识别技术,通过车主随身携带的智能卡里的芯片感应自动开关门锁,也就是说,当您走近车辆一定距离时,门锁会自动打开并解除防盗。当您离开车辆时,门锁会自动锁上并进入防盗状态。一般装备有无钥匙进入系统的车辆,其车门把手上有感应按钮,同时也有钥匙孔,是以防智能卡损坏或没电时,车主仍可用普通方式开启车门。当车主进入车内时,车内的检测系统会马上识别车主的智能卡,经过确认后车内的计算机才会进入工作状态,这时您只需轻轻按动车内的启动按钮(或者是旋钮),就可以正常启动车辆了。也就是说,无论在车内还是车外,都可以保证系统在任何情况下都能正确识别驾驶者。

无钥匙启动的方式有两种:一种是按钮式,点火按钮位于中控台伸手可及之处,因此也称"一键启动";另一种是旋钮式,一般位于原始的钥匙插口处,但无须插车钥匙,直接拧动旋钮即可启动。

智能钥匙启动:这种智能钥匙能发射出红外线信号,既可打开一个或两个车门、后备厢和燃油加注孔盖,也可操纵汽车的车窗和天窗,更先进的智能钥匙则像一张信用卡,当司机触到门把手时,中央锁控制系统便开始工作,并发射一种无线查询信号,智能钥匙卡作出正确反应后,车锁便自动打开。只有当中央处理器感知钥匙卡在汽车内时,发动机才会启动。

常见的无钥匙进入系统,也称智能钥匙系统,是由发射器、遥控中央锁控制模块、驾驶授权系统控制模块 3 个接收器及相关线束组成的控制系统组成。遥控器和发射器集成在车钥匙上,车辆可根据智能钥匙发来的信号,进入锁止或不锁止状态,甚至可以自动关闭车窗和天窗。

这种系统采用 RFID(无线射频识别)技术,通常情况下,当车主走近车辆大约 1 m 以内的距离时,门锁就会自动打开并解除防盗。当车主离开车辆时,门锁会自动锁上并进入防盗状态。当车主进入车内时,车内检测系统会马上识别智能卡,这时只需轻轻按动启动按钮(或旋钮),就可以正常启动车辆,整个过程无须拿出车钥匙。

项目 8

汽车车载网络系统的检修

学习导航

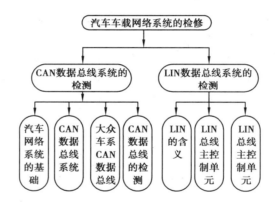

任务 8.1　CAN 数据总线系统的检测

【知识目标】
- 了解 CAN 数据总线的组成、各部件的位置及作用；
- 认识 CAN 数据总线系统的结构及传输原理。

【能力目标】
- 能够利用万用表、测试线、示波器等工具对车载网络进行基本测试；
- 能够结合电路图，使用诊断仪、万用表、示波器等工具对 CAN 车载网络系统的简单故障进行诊断和排除。

【相关知识】

8.1.1　汽车网络系统的基础

(1)汽车网络系统的作用

由于现代汽车的技术水平大幅提高,要求能对更多的汽车运行参数进行控制,因而汽车控制器的数量在不断上升,从开始的几个发展到几十个甚至上百个控制单元。控制单元数量的增加,使得它们互相之间的信息交换也变得越来越密集。为此,德国 Bosch 公司开发了一种设计先进的解决方案——CAN 数据总线。它提供一种特殊的局域网来为汽车的控制器之间进行数据交换。

一般来说,一个控制单元从整个系统中获得的信息越多,该控制单元协调自身的功能会越好。CAN 数据总线作为控制单元之间的一种数据传递形式,它将各个控制单元连接形成一个完整的系统,如图 8.1 所示。

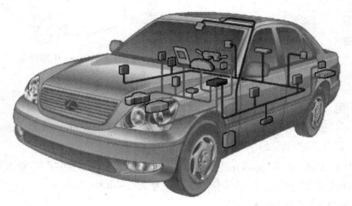

图 8.1　CAN 数据总线

(2)汽车网络系统的类型

1)按传输导线类型分类

按传输导线的不同可分为单线、双线和无线。单线传输如 LIN-Bus 总线;在 CAN 系统中一般均采用双线传输;光纤总线(MOST)为环状信息传输。新款车型中,大多采用无线蓝牙传输数据,又称为 Bluetooth Bus 总线。

2)按网络传输形式分类

按控制单元之间的线路连接关系可将多路传输分为线性网络、星形网络、环形网络等几种形式,如图 8.2 所示。

3)按网络传输速度分类

目前,存在的多种汽车网络标准,它们的侧重点不同。为方便研究和设计应用,SAE 车辆网络委员会将汽车数据传输网络划分为 A、B、C、D 等类型。

A 类是面向传感器/执行器控制的低速网络,数据传输位速率常小于 10 Kbit/s。该类网络主要应用于车身控制,如电动车窗、中控门锁、后视镜、座椅调节、灯光照明及早期的汽车故障诊断。

B 类是面向独立模块间数据共享的中速网络,数据传输位速率一般为 10～125 Kbit/s。该

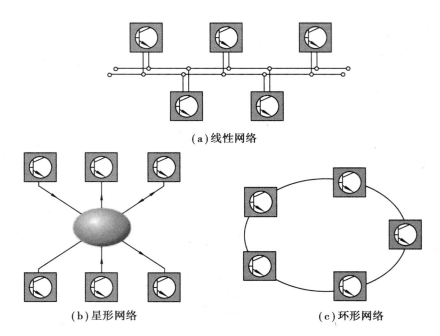

（a）线性网络

（b）星形网络　　　　　　　　　　　（c）环形网络

图 8.2　数据总线网络拓扑分类图

类网络主要应用于电子车辆信息中心、故障诊断、仪表显示等方面的控制。

C 类是面向高速、实时控制的多路传输网,数据传输位速率为 1~125 Mbit/s。该类网络主要用于动力系统等对实时控制及可靠性要求较高的场合。

D 类是智能数据总线,主要面向信息、多媒体系统等。该类网络主要面向乘员的安全系统,应用于车辆被动安全性领域,数据传输位速率为 250~400 Mbit/s。

（3）汽车网络系统的常用术语

1）网络系统信息传输

汽车网络系统的信息一般采用多路传输。多路传输是指在同一通道或线路上同时传输多条信息。事实上数据信息是依次传输的,但速度非常快,几乎就是同时传输。多路传输采用划分时间片的方法来轮流接收和处理数据。例如,对一个人来说,0.1 s 算是非常快了,但对一台运算速度相对慢的计算机来说,0.1 s 却是很长的时间。如果将 0.1 s 分成若干时间片,在每一时间片里传输一段数据信息,许多单个的数据都能被传输,即分时多路传输。目前汽车上用的是单线或双线分时多路传输系统。

从图 8.3 可以看出,常规线路要比多路传输线路简单得多,但是多路传输系统 ECU 之间所用导线比常规线路系统所用导线少得多。由于多路传输可以通过一根线（数据总线）执行多个指令,因此可以增加许多功能装置。

多路传输的优点是线束简单、质量小、成本低、连接器的数量少,可以进行设备之间的通信,功能丰富,能够通过信息共享减少传感器的数量。

2）数据总线

数据总线（BUS）是模块（如控制单元、智能传感器等）间运行数据的通道,即所谓的信息高速公路,如图 8.4 所示。如果一个控制单元可以通过数据总线发送数据,又可以从数据总线接收数据,则这样的数据总线就称为双向数据总线。汽车上的信息高速公路实际是一条导线

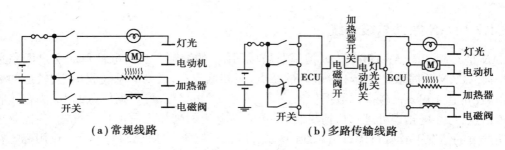

图 8.3 常规线路与多路传输线路原理图

或两条导线。

高速数据总线及网络容易产生电磁干扰,这种干扰会导致数据传输出错。数据总线有多种检错方法,如检测一段特定数据的长度,如果出错,数据将重新传输。为了抗电磁干扰,双线制数据总线的两条线是绞在一起的。

图 8.4 多个计算机之间利用数据总线进行通信

3)网络

网络式控制单元和控制单元或诊断测试仪(读码器)组成的电子系统,这些控制单元之间或控制单元与诊断测试仪之间用一根导线连接。网络允许各个模块相互通信,为了区分不同的设备,需设置不同的地址。从物理意义上讲,汽车上许多模块和数据总线距离很近,因此称为 LAN(局域网)。摩托罗拉公司设计的一种智能车身辅助装置网络,称为 LIN(局域互联网)。

4)通信协议

通信协议是通信双方控制信息交换规则的标准、约定的集合,即指数据在总线上的传输规则。

5)网关

因为汽车上有很多总线和网络,所以必须用一种有特殊功能的计算机达到信息共享和不产生协议间的冲突,实现无差错数据传输,这种计算机称为网关,如图 8.5 所示。

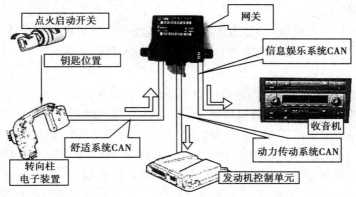

图 8.5 网关原理示意图

8.1.2　CAN 数据总线系统

CAN 是 Controller Area Network(控制器局域网络)的缩写。它由电控单元通过网络进行数据交换。CAN 数据总线具有十分优越的特点,诸如低成本,极高的总线利用率,较远的数据传输距离(可达 10 km),较高的数据传输速率(可达 1 Mbit/s),可根据信息的 ID 决定接收或屏蔽该信息,可靠的错误处理和检错机制,发送的信息遭到破坏之后可自动重发,各控制单元在错误严重的情况下具有自动退出总线的功能,信息不包含原地址或目标地址,仅用标志符来指示功能信息和优先级信息。

(1)CAN 数据总线系统的组成

CAN 数据总线系统由 1 个控制器、1 个收发器、2 个数据传输终端和 2 条数据传输线构成,如图 8.6 所示。

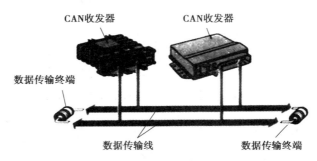

图 8.6　CAN 数据总线系统的组成

1)CAN 控制器

CAN 控制器的作用是接收控制单元中微处理器发出的数据,处理数据并传给 CAN 收发器。同时,CAN 控制器也接收收发器发出的数据,处理数据并传输给微处理器。

2)CAN 收发器

CAN 收发器安装在控制器内部,是一个发送器和接收器的组合,它将 CAN 控制器提供的数据转化为电信号并通过数据总线发送出去。同时,它也接收总线数据,并将数据传到 CAN 控制器。

3)数据传输终端

数据传输终端是一个终端电阻,防止数据在导线终端被反射产生反射波,反射波会破坏数据。在驱动系统中,数据传输终端接在 CAN 高线和 CAN 低线之间。

4)数据总线

CAN 数据总线是用于传输数据的双向数据线,分为 CAN 高位(CAN High)线和 CAN 低位(CAN Low)数据线。数据使用差分电压传送,使 CAN 数据总线系统即使在一条数据线断开或者在噪声极大的环境中也能工作。静态时,两条电压均约为 2.5 V,此时状态表示为逻辑"1",也可以称为"隐形"位;工作时,CAN-H 比 CAN-L 高,表示逻辑"0",称为"显性"位。为了防止外界电磁波的干扰和向外辐射,CAN 数据总线采用两条线缠绕在一起,两条线上的电位是相反的,如果一条线的电压是 5 V,另一条线的电压就是 0 V,两条线的电压总和等于常值。通过这种方法,CAN 数据总线得到保护而免受外界电磁场干扰,同时 CAN 数据总线向外辐射也保持中性,即无辐射,如图 8.7 所示。

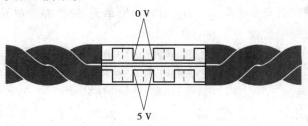

图 8.7　CAN 数据总线

(2) CAN 数据总线的传输原理

CAN-Bus 数据总线的数据传输原理在很大程度上类似电话会议的方式,如图 8.8 所示。一个用户(控制单元)向网络中"讲入"数据,而其他用户则"收听"到这些数据。一些控制单元认为这些数据对它有用,它就接收并且应用这些数据,而其他控制单元也许不会理会这些数据。故数据总线里的数据并没有指定的接收者,而是可以被所有的控制单元接收及计算。

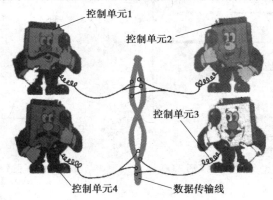

图 8.8　数据传递示意图

8.1.3　大众车系 CAN 数据总线

大众车系设定了 5 个不同的区域,分别为动力(驱动)系统、舒适系统、信息系统、仪表系统及诊断系统。各子网传送速率见表 8.1。

表 8.1　子网传送速率

序　号	子局域网名称	电源提供	传输速率/(Kbit·s^{-1})
1	动力系统	15 号线	500
2	舒适系统	30 号线	100
3	信息系统	30 号线	100
4	诊断系统	30 号线	500
5	仪表系统	15 号线	100

（1）驱动 CAN 总线

驱动 CAN 总线主要由发动机控制单元、ABS 控制单元、ESP 控制单元、自动变速器控制单元、安全气囊控制单元及组合仪表控制单元等组成。

驱动 CAN 总线由 15 号线激活，传输速率是所有 CAN 总线中最高的，达 500 Kbit/s。其采用终端电阻结构，中心电阻为 66 Ω（发动机电阻），且高低 CAN 线为环状结构，即任意一根 CAN 线断路，则 CAN 系统无法工作。驱动 CAN 总线的信号波形，如图 8.9 所示。

（2）舒适 CAN 总线

舒适 CAN 总线的联网控制单元：自动空调控制单元、车门控制单元、舒适控制单元、收音机和导航显示控制单元。

舒适 CAN 总线由 30 号线激活，传输速率达 100 Kbit/s，没有网络的波形信号，终端电阻，且高低 CAN 线分离，即任一根 CAN 线断路，CAN 系统不受影响。舒适系统 CAN 网络的波形信号，如图 8.10 所示。

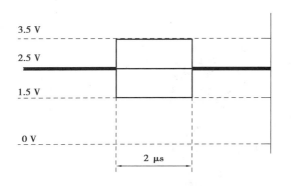

图 8.9 驱动 CAN 总线的信号波形

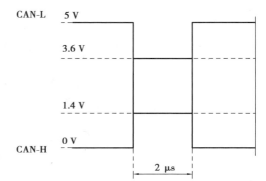

图 8.10 舒适 CAN 总线的信号波形

（3）诊断系统总线

诊断系统总线是用于诊断仪器和相应控制单元之间的信息交换，它与网关的连接，被用来代替原来的 K 线或 L 线的功能。诊断总线目前只能在 VAS5051、VAS5052 和 VAS5053 下工作，而不能适用于原来的诊断工具。图 8.11 为诊断系统总线。

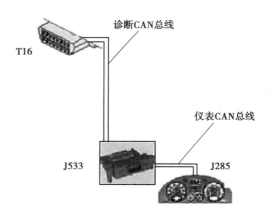

图 8.11 诊断系统总线

8.1.4 CAN 数据总线的检测

（1）万用表检测

CAN 数据总线可采用数字万用表进行测试，以判断数据总线的信号传输是否存在故障，检测方法如图 8.12 所示。

1）终端电阻的测量

用万用表电阻挡直接测量 CAN-H 线和 CAN-L 线之间的电阻，正常情况下应该有一个规定的电阻（电阻大小随车型而异），不应直接导通；用万用表电阻挡测量 CAN-H 线或 CAN-L 线

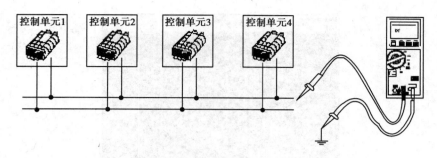

图 8.12　用万用表检测 CAN 总线

分别与搭铁或蓄电池正极之间的导通性,正常情况下应不导通。

注:在电阻测量时,在测量前必须把待测部件断电。为此应断开车辆蓄电池的接线。等待约 3 min,直到系统中的所有电容器放完电。

2)电压测量

①用万用表检测动力 CAN 总线。CAN-H 线信号在总线空闲时的电压约为 2.5 V,总线上有信号传输时,电压值在 2.5 V 和 3.5 V 之间高频波动,因此 CAN-H 线的主体电压应是 2.5 V,所以万用表的测量值大于 2.5 V 但靠近 2.5 V。

同理,CAN-L 线信号在总线空闲时的电压约为 2.5 V,总线上有信号传输时,总线上的电压值在 1.5 V 和 2.5 V 之间高频波动,因此 CAN-L 线的主体电压应是 2.5 V,所以万用表的测量值小于 2.5 V 但靠近 2.5 V。

②用万用表检测舒适/信息 CAN 总线。CAN-H 线信号在总线空闲时的电压约为 0 V,总线上有信号传输时,总线上的电压值在 0 V 和 3.6 V 之间高频波动,因此 CAN-H 线的主体电压应为 0 V,所以万用表的测量值为 0.35 V 左右。

同理,CAN-L 线信号在总线空闲时的电压约为 5 V,总线上有信号传输时,总线上的电压值在 1.4 V 和 5 V 之间高频波动,因此 CAN-L 线的主体电压应是 5 V,所以万用表的测量值为 4.65 V 左右。

(2)CAN 数据总线的波形检测

CAN 数据总线的波形检测必须采用双通道示波器或检测仪,然后根据故障波形判断故障。波形检测电路连接如图 8.13 所示,图 8.14 为 CAN 总线标准波形。由图可以看出,其 CAN-H 和 CAN-L 线上的电位总是相反的,电压的总和等于常值。下面以大众 CAN 舒适系统总线为例说明常见的故障波形。

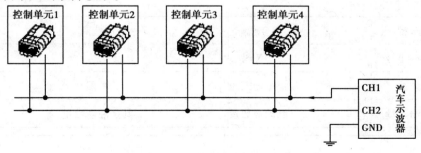

图 8.13　波形检测电路连接

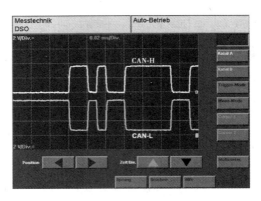

图 8.14　CAN 总线标准波形

【实训指导】

（1）任务描述

CAN 数据总线的测试。

（2）操作指引

1）组织方式

- 场地设施：举升机 1 台。
- 设备设施：自动挡捷达轿车。
- 工量具：汽车拆卸工具、数字万用表、示波器等。
- 耗材：棉纱、防护套等。

2）操作要点

- 穿戴干净整洁的工作服。
- 遵守场地安全规定，注意用电安全。
- 正确使用拆装工具、数字万用表、测量仪器等工具。

（3）任务实施及工单

<table>
<tr><td colspan="6" align="center">CAN 数据总线的测试</td></tr>
<tr><td>学生姓名</td><td></td><td>学号</td><td></td><td>日期</td><td></td></tr>
<tr><td>实训场地</td><td colspan="3"></td><td>课时</td><td></td></tr>
<tr><td colspan="6">（1）车辆基本信息</td></tr>
<tr><td>车型</td><td></td><td>年份</td><td></td><td>制造商</td><td></td></tr>
<tr><td>实训车号</td><td></td><td>VIN 码</td><td colspan="3"></td></tr>
<tr><td>燃油</td><td></td><td>蓄电池电压</td><td></td><td>里程</td><td></td></tr>
<tr><td>机油数量</td><td></td><td>制动液数量</td><td></td><td>其余油液数量</td><td></td></tr>
</table>

（2）计划与决策

1）本次任务：确定 CAN 数据总线的测试方案。

2）根据任务要求，确定所需要的技术资料，并对小组成员进行合理分工。

①本次任务所需要的技术资料。

②本次任务所需要的检测仪器及常用工具。

③完成本次任务的安全注意事项。

④小组成员分工及小组成员具体任务分配。

姓　名	任务分配内容	备　注

⑤小组的讨论结果。

（3）实施

1）使用万用表测试的终端电阻为(　　　)。

2）用万用表、示波器检测动力 CAN 总线。

①CAN-L 线对正极短路,此时 CAN-L 线电压为(　　　)。

②CAN-L 线搭铁短路,此时 CAN-L 线电压为(　　　)。

③CAN-H 线搭铁短路,此时 CAN-H 线电压为(　　　)。

④CAN-H 线对正极短路,此时 CAN-H 线电压为(　　　)。

（4）检查

（5）总结

（4）任务评分

评分点	评分标准	配分/分	扣分/分
测试准备	①初次未进行简单、全面检查(目视)而直接启动发动机的,包括蓄电池电压、冷却液、制动液、润滑油,每项扣 1 分 ②未安装挡块、尾气抽排设备、翼子板布、座套、方向盘套的,每项扣 1 分 ③驾驶员侧车窗玻璃未降落的,扣 1 分 合计不超过 10 分	10	
人物安全	①初次启动发动机,未请示老师而直接启动发动机的,扣 3 分 ②未警示同伴而直接启动发动机的,每次扣 2 分 合计不超过 5 分	5	

续表

评分点	评分标准	配分/分	扣分/分
设备使用	①工具、仪器、仪表和测试设备选择不合理的,每次扣 1 分 ②未做好工具、仪器、仪表和测试设备准备工作而直接进行测试的,每次扣 1 分 ③未正确连接仪器、仪表和测试设备到车辆的,每次扣 1 分 ④未正确操作车辆到测试条件而直接进行测试的,每次扣 1 分 ⑤测试设备操作不正确而没有读取出诊断信息的,每次扣 1 分 ⑥每次测试完成后,测试设备未合理归位的,每次扣 1 分 合计不超过 20 分	20	
交流	①测试目的不明确的,每次扣 1 分 ②诊断结论不正确的,每次扣 2 分 合计不超过 10 分	10	
操作规范	①拆卸下的零部件未正确码放的,每次扣 0.5 分 ②测试完成后未正确恢复车辆的,每次扣 1 分 ③操作过程中,不符合相应操作规范的,每次扣 1 分 ④操作过程中对测试设备和车辆可能构成损坏而被老师制止的,每次扣 2 分 合计不超过 20 分	20	
团队协作	①出现队员闲置超过 3 min,每次扣 1 分 ②出现肢体碰撞的,每次扣 1 分 ③出现现场混乱的,扣 1 分 合计不超过 5 分	5	
现场整洁	①地面或工作台不洁的,扣 1 分 ②工具设备摆放凌乱的,扣 1 分 ③工具丢失或脱落的,扣 3 分 合计不超过 3 分	3	
环保意识	启动车辆未连接尾气排放装置的,扣 2 分	2	
报告	①未准确描述故障现象的,扣 3 分 ②诊断思路有问题的,扣 10 分 ③诊断结论错误的,扣 12 分 合计不超过 25 分	25	
合计		100	

任务 8.2　LIN 数据总线系统的检测

【知识目标】
- 了解 LIN 数据总线的组成、各部件的位置及作用;

- 认识 LIN 数据总线系统的结构及传输原理。

【能力目标】

- 能够利用万用表、测试线、示波器等工具对车载网络进行基本测试;
- 能够初步进行 LIN 数据总线系统的检测。

【相关知识】

8.2.1　LIN 的含义

LIN 即 Local Interconnect Network,其含义是局域互联网络。所谓汽车中的局部互联网是指所有的控制单元都在一个总成内(如空调等)。LIN 总线是 CAN 总线网络下的子系统。车上各个 LIN 总线系统之间的数据交换是由控制单元通过 CAN 数据总线实现的。图 8.15 为空调系统 LIN 系统。

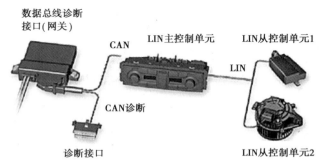

图 8.15　空调系统 LIN 系统

LIN 系统有主控制器和子控制器之分,整个总成内的主控制器和子控制器、子控制器和子控制器之间的信息都由 LIN-Bus 相连,然后由主控制器通过 CAN-Bus 与外界相连。

LIN-Bus 是 CAN-Bus 的子网,但它是一根数据线,线截面积为 0.35 mm^2,并且没有屏蔽措施。CAN-Bus 系统是规定 1 个主控制单元最多可以连接 16 个子控制单元。

8.2.2　LIN 总线主控制单元

LIN 总线主控制单元连接在 CAN 总线上,它执行 LIN 的主功能。

LIN 总线主控制单元的主要作用:监控数据传递和数据传递的速率,发送信息标题;主控制单元的软件内设定了一个周期,这个周期用于决定何时将哪些信息发送到 LIN 数据总线上以及发送多少次;该控制单元在 LIN 总线与 CAN 总线之间起"翻译"作用,它是 LIN 总线系统中唯一与 CAN 数据总线相连的控制单元;通过 LIN 主控制单元进行 LIN 系统的自诊断。

8.2.3　LIN 总线主控制单元

每个 LIN 总线中最多可以连接 16 个从控制单元,从控制单元主要是接收或传送与主控制单元的查询或指定有关的数据。

桑塔纳 2000GSi 轿车电气原理图

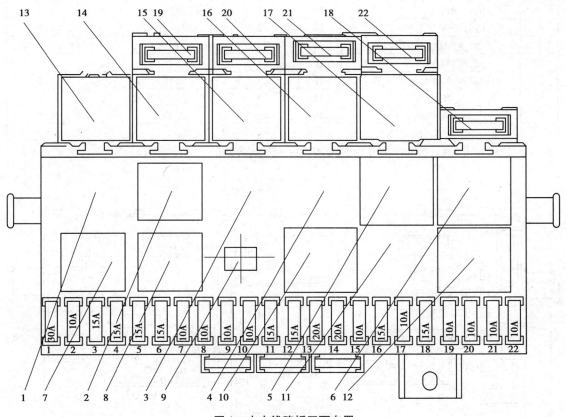

图 1　中央线路板正面布置

1、11—空位；2—进气歧管预热继电器；3、4—空位；5—空调组合继电器；6—双音喇叭继电器；

7—雾灯继电器；8—X-接触继电器；9—拆卸保险丝专用工具；10—前风窗刮水及清洗继电器；

12—转向继电器；13—冷却风扇继电器；14、15—摇窗机继电器；16—内部照明继电器；

17—冷却液位指示继电器；18—后雾灯保险丝(10 A)；19—过热保护器；20—空调保险丝(30 A)；

21—自动天线保险丝(10 A)；22—电动后视镜保险丝(3 A)

表1 中央线路板上的保险丝

编号	名称	额定电流/A	编号	名称	额定电流/A
1	散热器风扇	30	15	倒车灯、车速传感器	10
2	制动灯	10	16	进气预热器温控开关、怠速切断电磁阀	15
3	点烟器、收音机、钟、车内灯、中央集控门锁	15	17	双音喇叭	10
4	危险报警闪光灯	15	18	驻车制动、阻风门指示灯	15
5	燃油泵	15	19	转向灯	10
6	前雾灯	15	20	牌照灯、杂物箱照明灯	10
7	尾灯和停车灯(左)	10	21	前照灯近光(左)	10
8	尾灯和停车灯(右)	10	22	前照灯近光(右)	10
9	前照灯远光(右)	10	23	后雾灯	10
10	前照灯远光(左)	10	24	空调	30
11	前风窗刮水器及清洗装置	15	25	自动无线	10
12	电动摇窗机	15	26	电动后视镜	3
13	后风窗加热器	20	27	ECU	10
14	鼓风机(空调)	20			

注:保险丝23~27为桑塔纳2000GSi型轿车的编号,插在中央线路板的旁边。

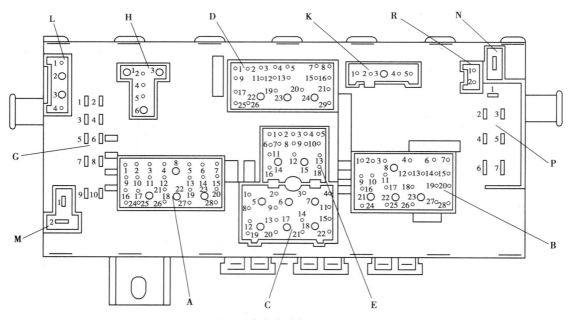

图2 中央线路板反面布置

A—用于仪表板线束,插件颜色为蓝色;B—用于连接仪表板线束,插件颜色为红色;

C—用于连接发动机室左边线束,插件颜色为黄色;D—用于连接发动机室右边线束,插件颜色为白色;

E—用于连接车辆后部线束,插件颜色为黑色;G—用于连接单个插头(主要用于冷却液不足指示控制器);

H—用于连接空调装置的线束,插件颜色为棕色;K、M、R—空位;L—用于连接双音喇叭等线束,插件颜色为灰色;

N—用于单个插头(主要用于进气管预热器的加热电阻的电源);P—用于单个插头(主要用于蓄电池火线与中央线路板"30"的连接,中央线路板"30"与点火开关"30"接线柱连接)

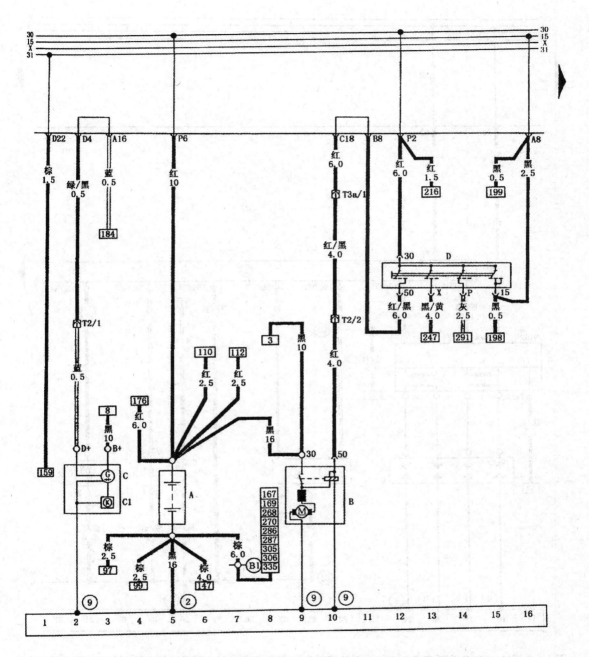

图 3 桑塔纳 2000GSi 型轿车交流发电机、蓄电池、起动机、点火开关电路图

A—蓄电池；B—起动机；C—交流发电机；C1—调压器；D—点火开关；T2—发动机线束与发电机线束插头连接(2 针，在发动机舱中间支架上)；T3a—发动机线束与前大灯线束插头连接(3 针，在中央线路板后面)；②—接地点(在蓄电池支架上)；⑨—自身接地；Ⓑ1—接地连接线(在前大灯线束内)

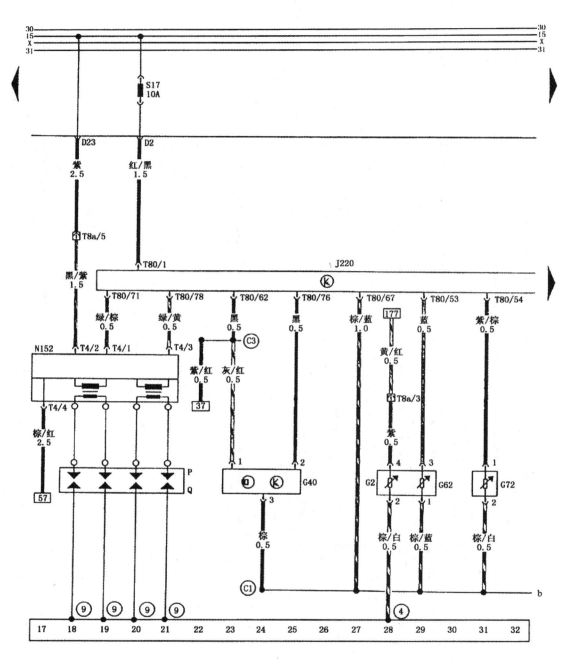

图 4　桑塔纳 2000GSi 型轿车点火装置、发动机控制单元、霍尔传感器、冷却液温度传感器、进气温度传感器电路图
G2—水温表传感器；G40—霍尔传感器；G62—冷却液温度传感器；G72—进气温度传感器；J220—发动机控制单元；
N152—点火线圈；P—火花塞插头；Q—火花塞；S17—发动机控制单元保险丝(10 A)；T4—前大灯线束与散热扇
　控制器插头连接(4 针，在散热风扇控制器上)；T8a—发动机线束与发动机右线束插头连接(8 针，在发动机舱
　中间支架上)；T80—发动机线束、发动机右线束与发动机控制单元插头连接(80 针，在发动机控制单元上)；
　　④—接地点(在离合器壳上的支架上)；⑨—自身接地；ⒸⒶ—连接线(在发动机右线束内)；
　　　　Ⓒ③—+5 V 连接线(在发动机右线束内)

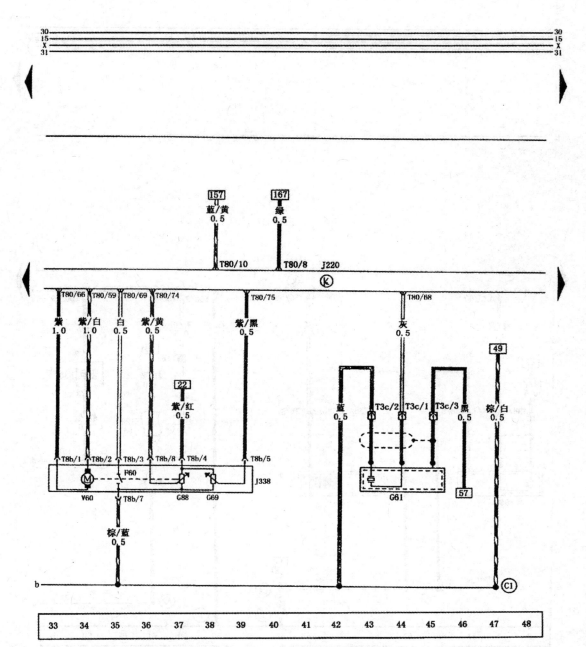

图 5　桑塔纳 2000GSi 型轿车发动机控制单元,节气门控制部件,1、2 缸爆震传感器电路图

F60—怠速开关;G61—1、2 缸爆震传感器;G69—节气门电位计;G88—节气门定位电位计;

J220—发动机控制单元;J338—节气门控制部件;T3c—发动机右线束与 1、2 缸爆震传感器插头连接

(3 针,在发动机舱中间支架上);T8b—发动机右线束与节气门控制部件插头连接(8 针,在节气门控制部件上);

T80—发动机线束、发动机右线束与发动机控制单元插头连接(80 针,在发动机控制单元上);

V60—节气门定位器;Ⓒ1—连接线(在发动机右线束内)

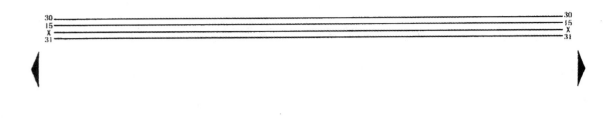

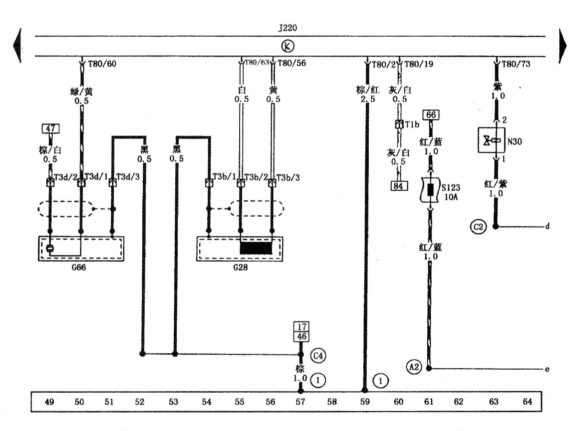

图 6　桑塔纳 2000GSi 型轿车发动机控制单元,3、4 缸爆震传感器,转速传感器电路图

G28—发动机转速传感器;G66—3、4 缸爆震传感器;J220—发动机控制单元;N30—第 1 缸喷油器;

S123—喷油器、空气流量计、AKF 阀、氧传感器加热保险丝(10 A);T1b—发动机线束与仪表板线束插头连接
(1 针,在中央线路板后面);T3b—发动机右线束与发动机转速传感器插头连接(3 针,在发动机舱中间支架上);

T3d—发动机右线束与 3、4 缸爆震传感器插头连接(3 针,在发动机舱中间支架上);T80—发动机线束、
发动机右线束与发动机控制单元插头连接(80 针,在发动机控制单元上);C4—接地连接线(在发动机右线束内)

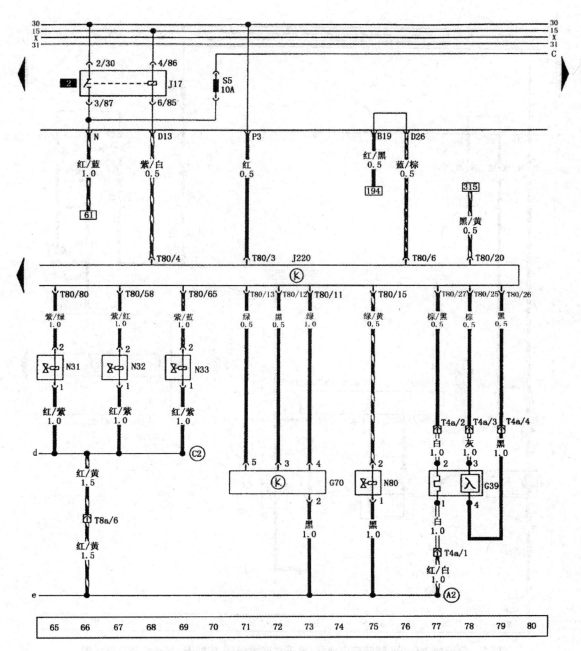

图 7　桑塔纳 2000GSi 型轿车发动机控制单元、喷油器、汽油泵继电器、
空气流量计、氧传感器、活性炭罐电磁阀电路图

G39—氧传感器;G70—空气流量计;J17—汽油泵继电器;J220—发动机控制单元;
N31—第 2 缸喷油器;N32—第 3 缸喷油器;N33—第 3 缸喷油器;N80—活性炭罐电磁阀;S5—汽油泵保险丝(10 A);
T4a—发动机线束与氧传感器插头连接(4 针,在发动机舱中间支架上);T8a—发动机线束与发动机右线束插头连接
(8 针,在发动机舱中间支架上);T80—发动机线束、发动机右线束与发动机控制单元插头连接
(80 针,在发动机控制单元上);A2—正极连接线(在发动机线束内);C2—正极连接线(在发动机右线束内)

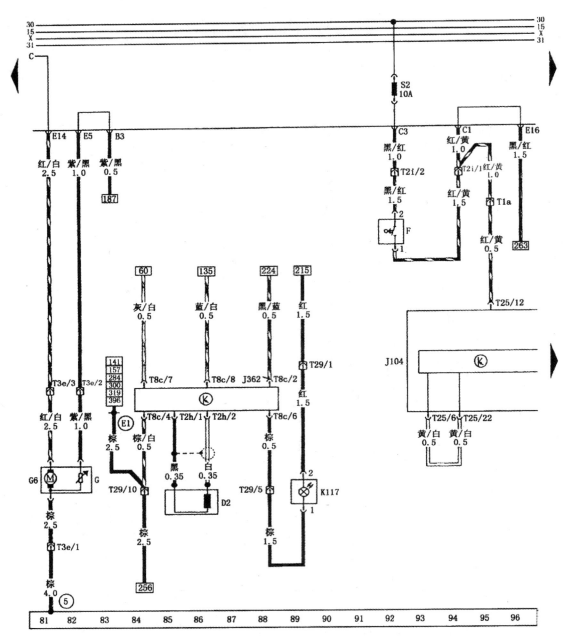

图 8　桑塔纳 2000GSi 型轿车汽油泵、电子防盗器、ABS 控制器、制动灯开关电路图

D2—读识线圈;F—制动灯开关;G—汽油表传感器;G6—汽油泵;J104—ABS 控制器;J362—防盗器控制单元;
K117—防盗器警告灯;S2—制动灯保险丝(10 A);T1a—前大灯线束与 ABS 线束插头连接(1 针,在中央线路板后面);
T2h—读识线圈与防盗器控制单元插头连接(2 针,在防盗器控制单元上);T2i—前大灯线束与仪表板线束插头连接
(2 针,在中央线路板后面);T3e—尾部线束与汽油箱插头连接(3 针,在汽油箱盖上);T8c—仪表板线束与防盗器控制
单元插头连接(8 针,在防盗器控制单元上);T25—ABS 线束与 ABS 控制单元插头连接(25 针,在 ABS 控制器上);
T29—仪表板线束与仪表板开关线束插头连接(29 针,在组合仪表下方);⑤—接地点(在中央线路板左侧星形接地爪上);
Ⓔ1—接地连接线(在仪表板开关线束内)

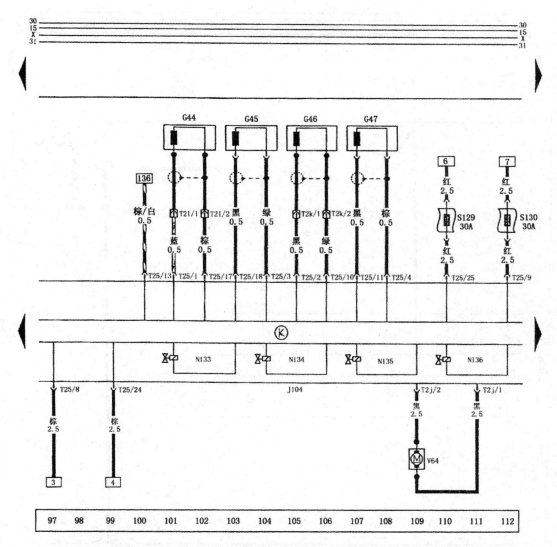

图 9　桑塔纳 2000GSi 型轿车 ABS 控制器、车轮转速传感器、ABS 液压泵电路图

G44—右后转速传感器；G45—右前转速传感器；G46—左后转速传感器；G47—左前转速传感器；
J104—ABS 控制器；N133—ABS 右后出油电磁阀；N134—ABS 右后出油电磁阀；N135—ABS 左后进油电磁阀；
N136—ABS 左后出油电磁阀；S129—保险丝(30 A)；S130—ABS 电磁阀保险丝(30 A)；
T2j—ABS 液压泵与控制单元插头连接(2 针,在 ABS 控制单元上)；T2k—ABS 线束与左后转速传感器插头连接
(2 针,在左后座位下面)；T21—ABS 线束与右后转速传感器插头连接(2 针,在右后座位下面)；
T25—ABS 线束与控制单元插头连接(25 针,在 ABS 控制器上)；V64—ABS 液压泵

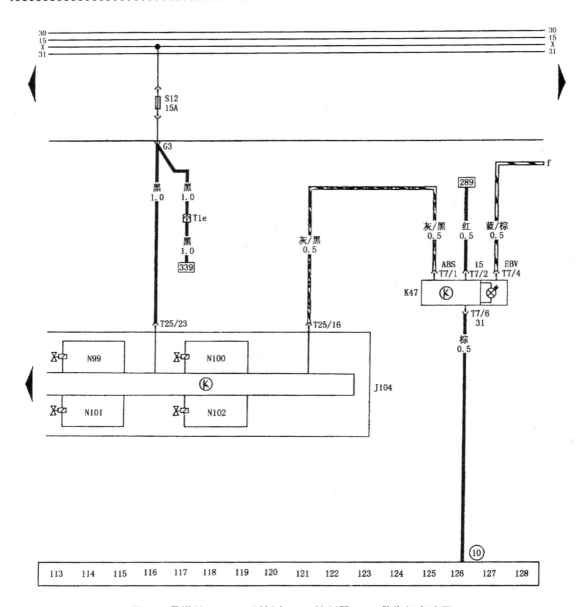

图 10　桑塔纳 2000GSi 型轿车 ABS 控制器、ABS 警告灯电路图

J104—ABS 控制器;K47—ABS 警告灯;N99—ABS 右前进油电磁阀;N100—ABS 右前出油电磁阀;
N101—ABS 左前进油电磁阀;N102—ABS 左前出油电磁阀;S12—电动摇窗机、ABS 控制单元保险丝(15 A);
T1e—ABS 线束与电动摇窗机线束插头连接(1 针,在中央电线板后面);T7—ABS 线束与 ABS 警告灯插头连接
(7 针,在 ABS 警告灯上);T25—ABS 线束与控制单元插头连接(25 针,在 ABS 控制器上);
⑩—接地点(在中央线路板后面车身前围板上)

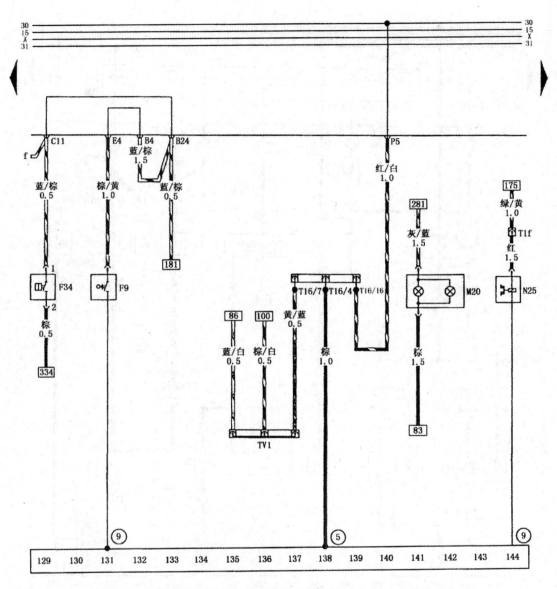

图 11　桑塔纳 2000GSi 型轿车制动液位报警开关、手制动指示灯开关、
自诊断插座、空调电磁离合器电路图

F9—手制动指示灯开关；F34—制动液位报警开关；M20—空调控制面板照明灯；N25—电磁离合器；
T1f—前大灯线束与压缩机电磁离合器插头连接(1 针，在压缩机旁)；T16—故障诊断仪插座
(16 针，在变速杆防尘罩下面)；TV1—诊断线插座(附加插在中央线路板 13 号位上)；
⑤—接地点(在中央线路板左侧星形接地爪上)；⑨—自身接地

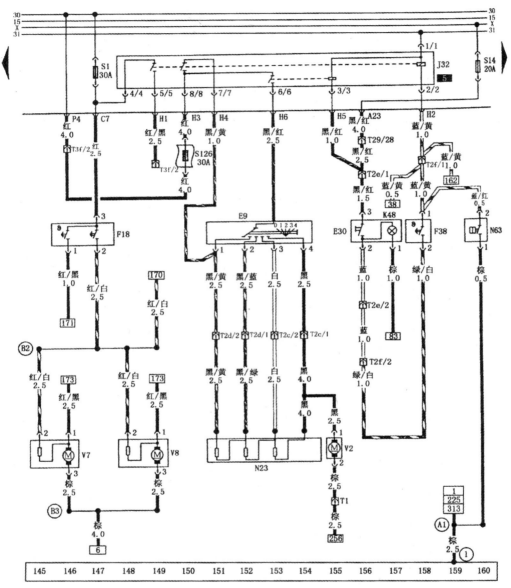

图 12 桑塔纳 *2000GSi* 型轿车空调继电器、空调 A／C 开关、风速开关、鼓风电机、散热风扇、室温开关、进风门电磁阀电路图

E9—风速开关；E30—空调 A／C 开关；F18—散热风扇热敏开关；F38—室温开关；J32—空调继电器；K48—空调 A／C
开关指示灯；N23—鼓风电机减速电阻；N63—进风门电磁阀；S1—散热风扇保险丝（不用空调时）（30 A）；
S14—继电器保险丝（20 A）；S126—空调鼓风电机保险丝（30 A）；T1—空调鼓风电机线束与仪表板线束插头连接
　（1 针，在中央线路板后面）；T2c—空调操纵线束与空调鼓风电机线束插头连接（2 针，在加速踏板上方）；
　T2d—空调操纵线束与空调鼓风电机线束插头连接（2 针，在加速踏板上方）；T2e—仪表板开关线束与空调操纵线
　束插头连接（2 针，在空调操纵面板后面）；T2f—发动机线束与空调操纵线束插头连接（2 针，在中央线路板后面）；
　T3f—空调操纵线束与发动机线束插头连接（3 针，在中央线路板后面）；T29—仪表板线束与仪表板开关线束插头连接
　（29 针，在组合仪表下方）；V2—鼓风电机；V7—左散热风扇；V8—右散热风扇；Ⓐ1—接地连接线（在发动机线束内）；
①—接地连接线（在发动机控制单元旁车身上）；Ⓑ2—连接线（在前大灯线束内）；Ⓑ3—接地连接线（在前大灯线束内）

222

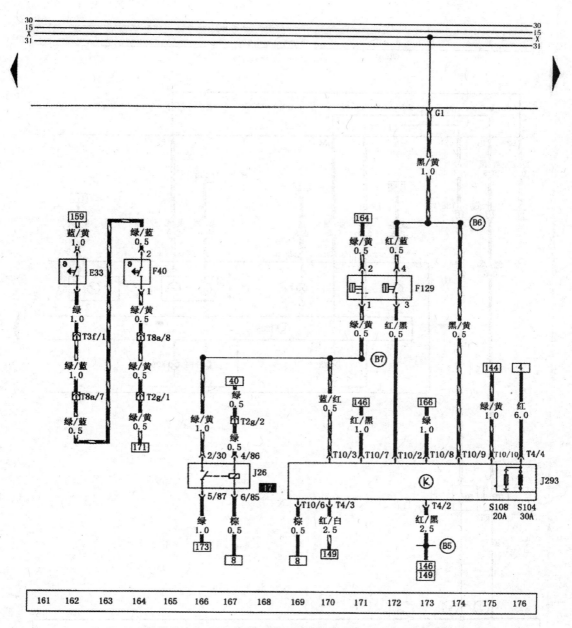

图 13　桑塔纳 2000GSi 型轿车散热器风扇控制器、压缩机切断继电器、
冷量开关、组合开关、空调水温控制开关电路图

E33—冷量开关;F40—空调水温控制开关;F129—组合开关;J26—压缩机切断继电器;J293—散热器风扇控制器;
S104—散热器风扇保险丝(高速挡使用空调时)(30 A);S108—散热器风扇保险丝(低速挡使用空调时)(20 A);
T2g—发动机线束与前大灯线束插头连接(2 针,在中央线路板后面);T3f—空调操纵线束与发动机线束插头连接
(3 针,在中央线路板后面);T4—前大灯线束与散热器风扇控制器插头连接(4 针,在散热器风扇控制器上);
T8a—发动机线束与发动机右线束插头连接(8 针,在发动机舱中间支架上);T10—前大灯线束与散热器风扇
控制器插头连接(10 针,在散热器风扇控制器上);Ⓑ5—连接线(在前大灯线束内);
Ⓑ6—正极连接线(在前大灯线束内);Ⓑ7—连接线(在前大灯线束内)

223

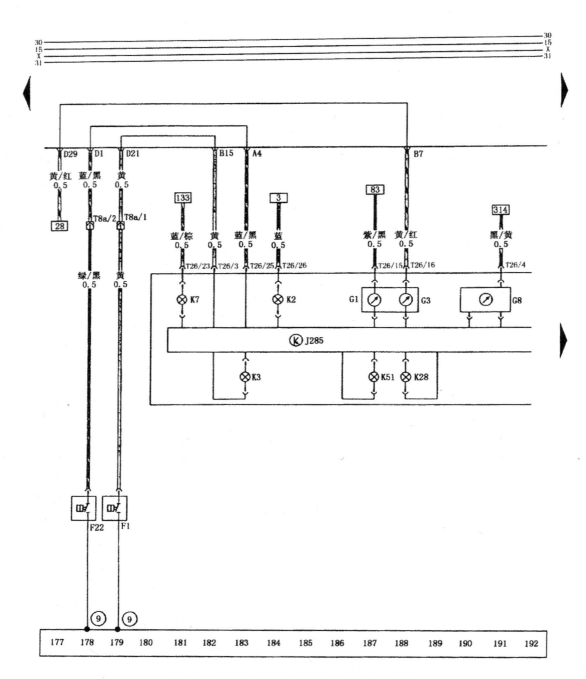

图 14 桑塔纳 2000GSi 型轿车组合仪表电路图

F1—油压开关(180 kPa);F22—油压开关(25 kPa);G1—汽油表;G3—水温表;G8—车速里程表;
J285—组合仪表控制器;K2—充电不足警告灯;K3—油压报警灯;K7—手制动指示及制动液位警告灯;
K28—冷却液温度报警灯;K51—汽油不足警告灯;T8a—发动机线束与发动机右线束插头连接
(8 针,在发动机舱中间支架上);T26—仪表板线束与组合仪表插头连接(26 针,在组合仪表上);⑨—自身接地

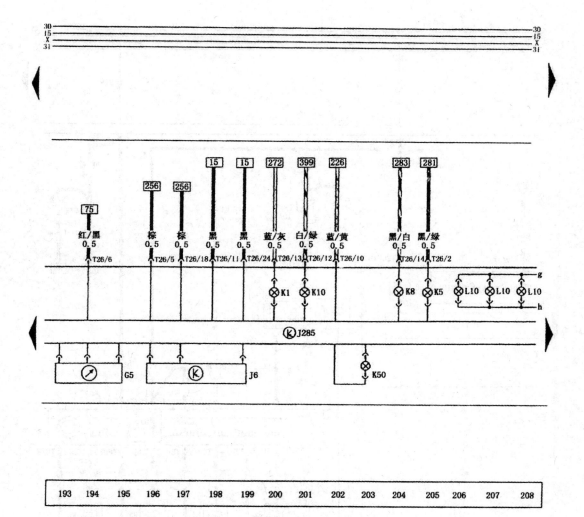

图 15　桑塔纳 2000GSi 型轿车组合仪表电路图

G5—转速表;J6—稳压器;J285—组合仪表控制器;K1—远光指示灯;K5—右转向指示灯;

K8—左转向指示灯;K10—后风窗除霜指示灯;K50—冷却液不足警告灯;L10—仪表照明灯;

T26—仪表板线束与组合仪表插头连接(26 针,在组合仪表上)

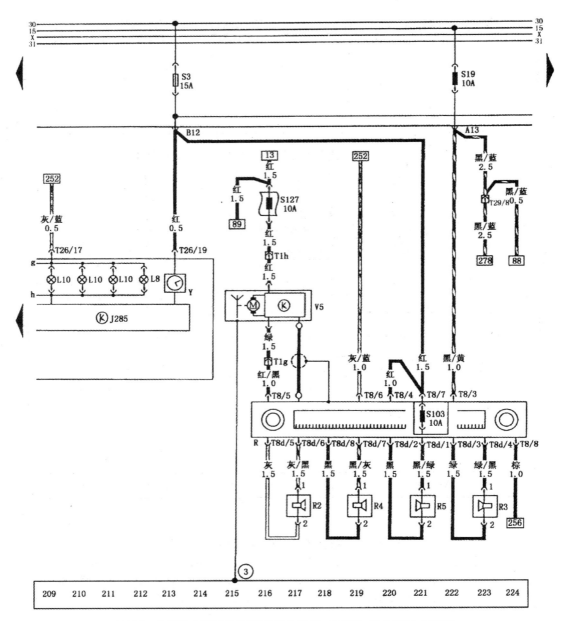

图 16 桑塔纳 2000GSi 型轿车组合仪表、收音机、自动天线电路图

J285—组合仪表控制器；L8—数字钟照明灯；L10—仪表照明灯；R—收放机；R2—左前扬声器；
R3—右前扬声器；R4—左后扬声器；R5—右后扬声器；S3—点烟器、集控门锁、数字钟、内顶灯、后阅读灯、后备厢灯、
遮阳板灯保险丝（15 A）；S19—收放机、转向灯、防盗器控制单元保险丝（10 A）；S103—收放机保险丝（停车时）（10 A）；
S127—自动天线保险丝（10 A）；T1g—仪表板线束与自动天线插头连接（1 针，在收放机后面）；T1h—仪表板线束与
自动天线插头连接（1 针，在收放机后面）；T8—仪表板线束与收放机插头连接（8 针，在收放机后部）；
T8d—扬声器线束与收放机插头连接（8 针，在收放机后部）；T26—仪表板线束与组合仪表插头连接（26 针，在组合仪表上）；
T29—仪表板线束与仪表板开关线束插头连接（29 针，在组合仪表下方）；V5—自动天线；Y—数字钟；
③—接地点（在自动天线附近车身上）

226

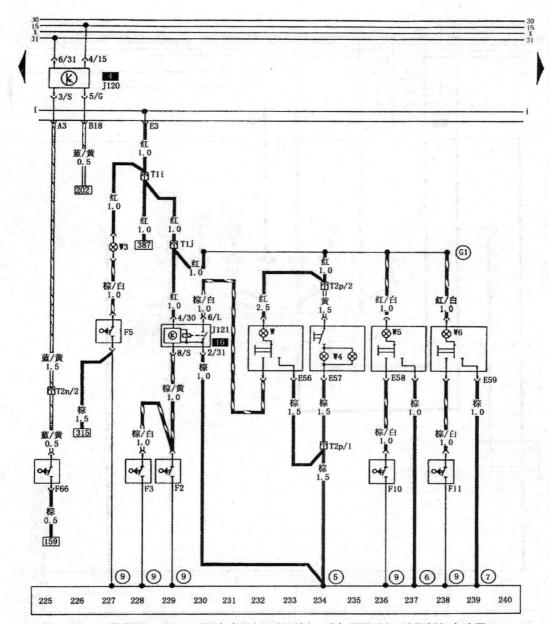

图 17　桑塔纳 2000GSi 型轿车内顶灯、后阅读灯、后备厢照明灯、遮阳板灯电路图

E56—内顶灯照明开关；E57—遮阳板灯照明开关；E58—左后阅读灯照明开关；E59—右后阅读灯照明开关；
F2—左前门上内顶灯接触开关；F3—右前门上内顶灯接触开关；F5—后备厢照明灯接触开关；F10—左后阅读灯
接触开关；F11—右后阅读灯接触开关；F66—冷却液不足警告灯开关；J120—冷却液液位控制器；J121—内顶灯延时
继电器；T1i—集控门锁线束与尾部线束插头连接(1 针,在中央线路板后面)；T1j—集控门锁线束与内顶灯线束插头连接
(1 针,在中央线路板后面)；T2n—发动机线束与仪表板线束插头连接(2 针,在中央线路板后面)；T2p—内顶灯线束与遮阳板
灯插头连接(2 针,在车顶前右侧)；W—内顶灯；W3—后备厢照明灯；W4—遮阳板灯；W5—左后阅读灯；W6—右后阅读灯；
⑤—接地点(在中央线路板右侧星形接地爪上)；⑥—接地点(在左后阅读灯前方车顶上)；⑦—接地点
(在右后阅读灯前方车顶上)；⑨—自身接地；G1—正极连接线(在内顶灯线束内)

227

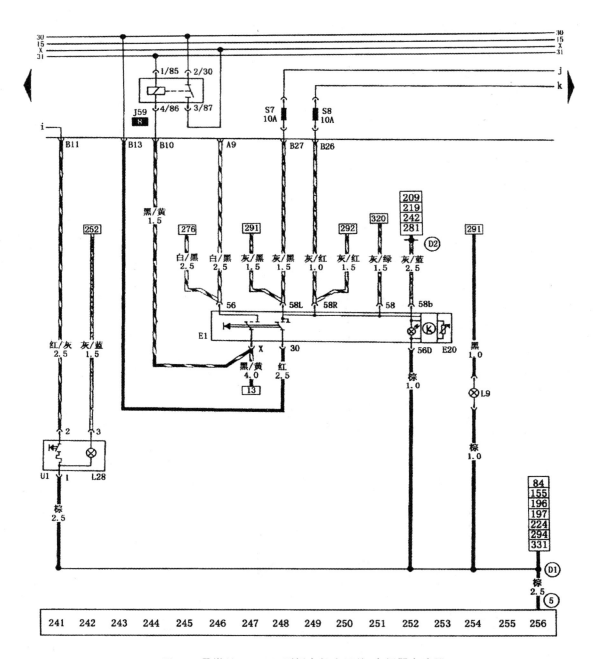

图 18　桑塔纳 2000GSi 型轿车灯光开关、点烟器电路图

E1—灯光开关；E20—仪表板照明调节器；J59—X 接触继电器；L9—灯光开关照明灯；

L28—点烟器照明灯；S7—左尾灯、左前停车灯保险丝(10 A)；S8—右尾灯、右前停车灯、发动机舱照明灯保险丝(10 A)；

U1—点烟器；⑤—接地点(在中央线路板右侧星形接地爪上)；D1—接地连接线(在仪表板线束内)；

D2—连接线(在仪表板线束内)

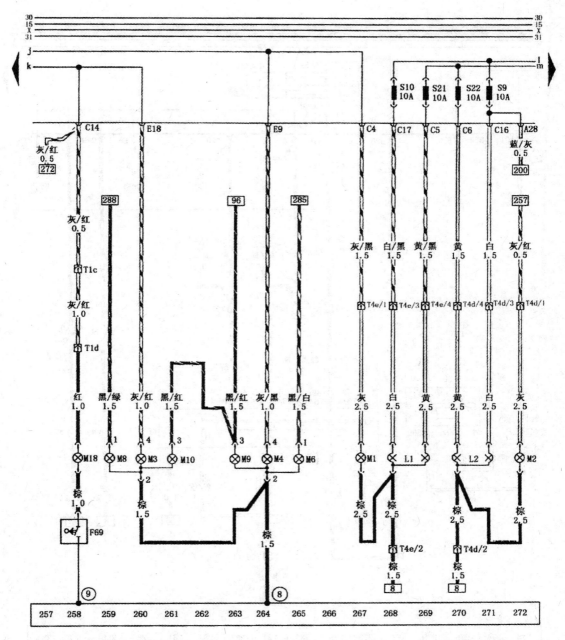

图 19　桑塔纳 2000GSi 型轿车前大灯、停车灯、后转向灯、尾灯、制动灯、发动机舱照明灯电路图

F69—发动机舱照明灯接触开关；L1—左前大灯；L2—右前大灯；M1—左停车灯；M2—右停车灯；
M3—左尾灯；M4—右尾灯；M6—左后转向灯；M8—右后转向灯；M9—左制动灯；M10—右制动灯；
M18—发动机舱照明灯；S9—右前大灯（远光）保险丝（10 A）；S10—左前大灯（远光）保险丝（10 A）；
S21—右前大灯（近光）保险丝（10 A）；S22—左前大灯（近光）保险丝（10 A）；T1c—前大灯线束与发动机线束插头连接
（1 针，在中央线路板后面）；T1d—发动机线束与发动机舱照明灯电线插头连接（1 针，在刮水器电机前）；
T4d—前大灯线束与右前大灯插头连接（4 针，在右前大灯上）；T4e—前大灯线束与左前大灯插头连接
（4 针，在左前大灯上）；⑧—接地点（在左组合后灯左侧车身上）；⑨—自身接地

229

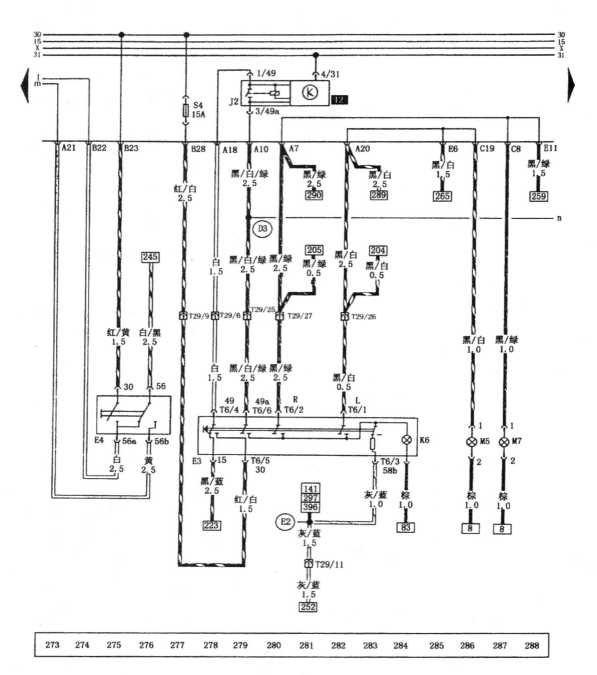

图 20　桑塔纳 2000GSi 型轿车变光开关、报警灯开关、前转向灯电路图

E3—报警灯开关；E4—变光开关；J2—转向灯继电器；K6—报警闪光指示灯；M5—左前转向灯；
M7—右前转向灯；S4—报警灯保险丝（15 A）；T6—仪表板开关线束与报警灯开关插头连接（6 针，在报警灯开关上）；
T29—仪表板线束与仪表板开关线束插头连接（29 针，在组合仪表下方）；D3—正极连接线（在仪表板线束内）；
E2—连接线（在仪表板开关线束内）

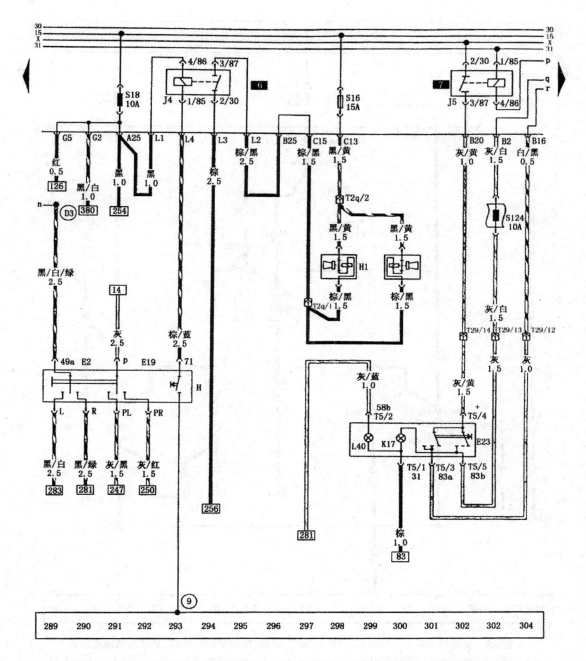

图 21 桑塔纳 2000GSi 型轿车转向灯开关、停车灯开关、雾灯开关、双音喇叭电路图

E2—转向灯开关；E19—停车灯开关；E23—雾灯开关；H—双音喇叭开关；H1—双音喇叭；J4—喇叭继电器；
J5—雾灯继电器；K17—雾灯指示灯；L40—雾灯开关照明灯；S16—喇叭保险丝(15 A)；S18—喇叭继电器、灯光开关、
ABS 警告保险丝(10 A)；S124—后雾灯保险丝(10 A)；T2q—前大灯线束与喇叭线束插头连接(2 针，在喇叭上方)；
T5—仪表板开关线束与雾灯开关插头连接(5 针，在雾灯开关上)；T29—仪表板线束与仪表板开关线束插头连接
(29 针，在组合仪表下方)；⑨—自身接地；D3—正极连接线(在仪表板线束内)

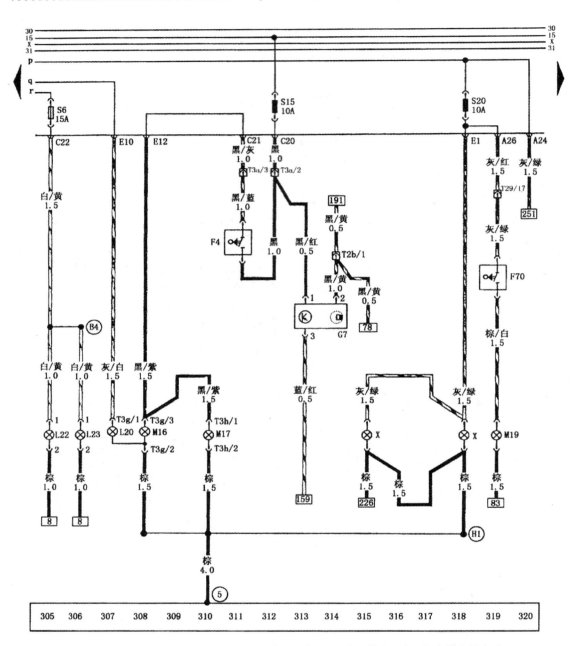

图 22　桑塔纳 2000GSi 型轿车雾灯、倒车灯、牌照灯、杂物箱照明灯、车速传感器电路图

F4—倒车灯开关；F70—杂物箱照明灯接触开关；G7—车速传感器；L20—后雾灯；L22—左前雾灯；
L23—右前雾灯；M16—左倒车灯；M17—右倒车灯；M19—杂物箱照明灯；S6—前雾灯保险丝（15 A）；S15—倒车灯、
车速传感器保险丝（10 A）；S20—牌灯、杂物箱照明灯保险丝（10 A）；T2b—发动机线束与仪表板线束插头连接
（2 针，在左倒车灯上）；T3a—发动机线束与前大灯线束插头连接（3 针，在中央线路板后面）；T3g—尾部线束与
左倒车灯插头连接（3 针，在左倒车灯上）；T3h—尾部线束与右倒车灯插头连接（3 针，在右倒车灯上）；
T29—仪表板线束与仪表板开关线束插头连接（29 针，在组合仪表下方）；X—牌照灯；⑤—接地点（在中央线
路板右侧星形接地爪上）；⑱—正极连接线（在前大灯线束内）；⑭—接地连接线（在尾部线束内）

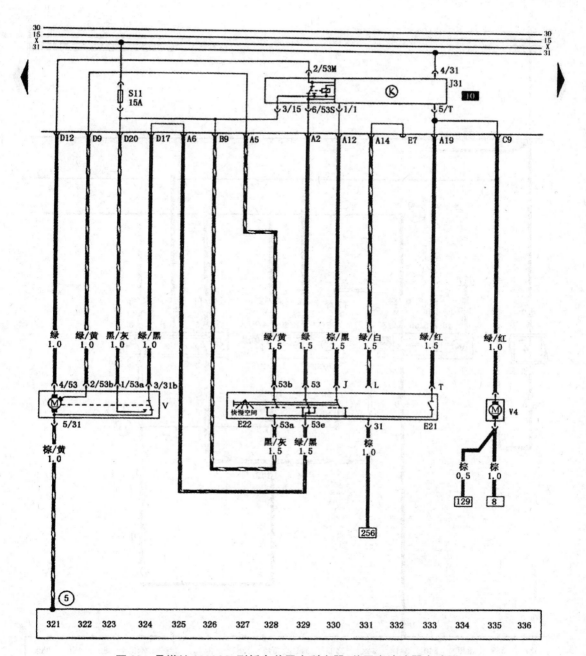

图 23 桑塔纳 2000GSi 型轿车前风窗刮水器、前风窗清洗器电路图
E21—前风窗清洗泵开关；E22—前风窗刮水器开关；J31—刮水继电器；
S11—前风窗刮水器、清洗器保险丝(15 A)；V—前风窗刮水电机；V4—前风窗清洗泵；
⑤—接地点(在中央线路板右侧星形接地爪上)

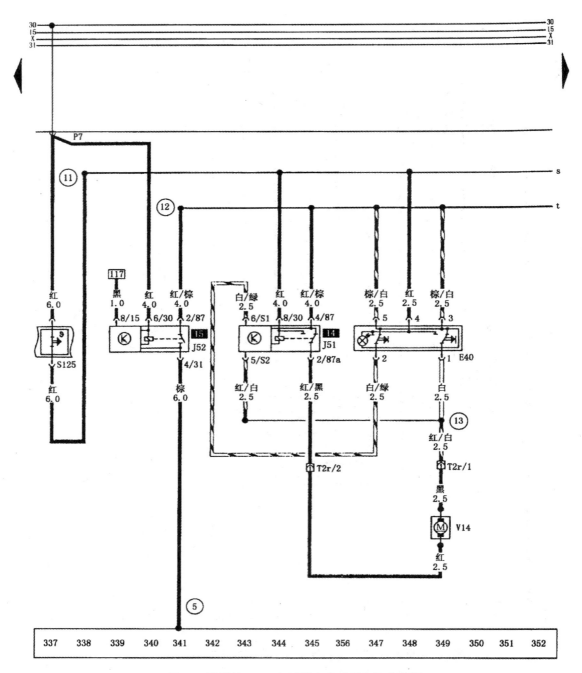

图 24　桑塔纳 2000GSi 型轿车电动摇窗机电路图

E40—摇窗机开关;J51—摇窗机自动下降继电器;J52—摇窗机延时继电器;S125—电动摇窗执行保护器;

T2r—电动摇窗机线束与电动摇窗机插头连接(2 针,在左前门内);V14—左前摇窗机电动机;

⑤—接地点(在中央线路板右侧星形接地爪上);⑰—正极连接线(在电动摇窗机线束内);

⑪—连接线(在电动摇窗机线束内);⑫—连接线(在电动摇窗机线束内)

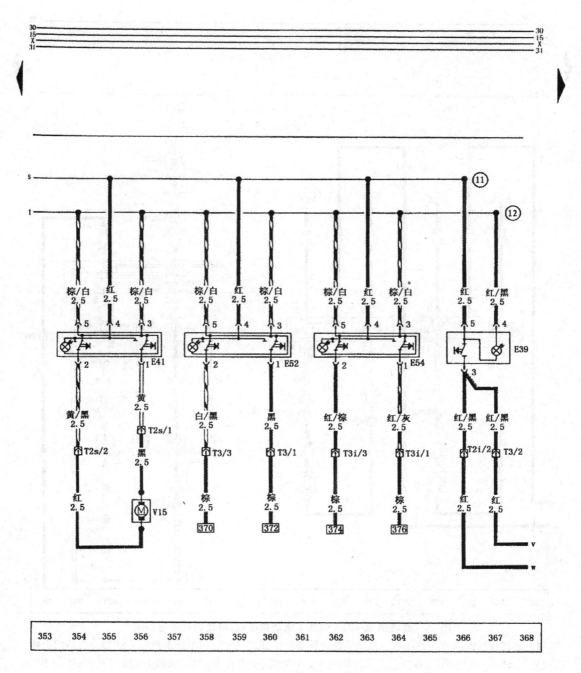

图 25　桑塔纳 2000GSi 型轿车电动摇窗机电路图

E39—摇窗机安全开关（后门）；E41—摇窗机开关（左前）；E52—摇窗机开关（左后）；E54—摇窗机开关（右后）；
T2s—电动摇窗机线束与电动摇窗机插头连接（2 针，在右前门内）；T3—电动摇窗机线束与左后摇窗机插头连接
（3 针，在左后门内）；T3i—电动摇窗机线束与右后摇窗机插头连接（3 针，在右后门内）；V15—右前摇窗机电动机；
⑪—正极连接线（在电动摇窗机线束内）；⑫—连接线（在电动摇窗机线束内）

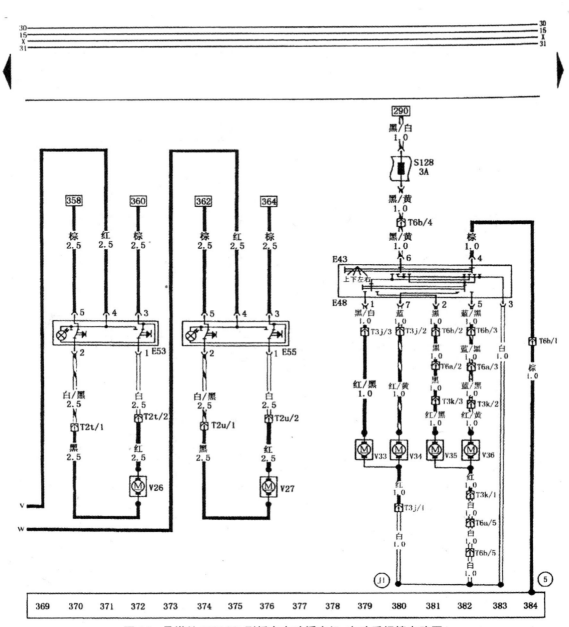

图 26　桑塔纳 2000GSi 型轿车电动摇窗机、电动后视镜电路图

E43—电动后视镜调节开关；E48—电动后视镜转换开关；E53—左后门上摇窗机开关；E55—右后门上摇
窗机开关；S128—电动后视镜保险丝(3 A)；T2t—左后摇窗机开关与摇窗机电动机插头连接(2 针,在左后门内)；
T2u—右后摇窗机开关与摇窗机电动机插头连接(2 针,在右后门内)；T3j—左前门线束与左电动后视镜插头连接
(3 针,在左前门内)；T3k—右前门线束与右电动后视镜插头连接(3 针,在右前门内)；T6a—电动后视镜线束与
右前门线束插头连接(6 针,在杂物箱右侧)；T6b—电动后视镜线束与右前门线束插头连接(6 针,在中央线路板左侧)；
V26—左后摇窗机电动机；V27—右后摇窗机电动机；V33—左电动后视镜上下调节电动机；V34—左电动后视镜
左右调节电动机；V35—右电动后视镜上下调节电动机；V36—右电动后视镜左右调节电动机；⑤—接地点
(在中央线路板右侧星形接地爪上)；⑪—连接线(在左前门线束内)

236

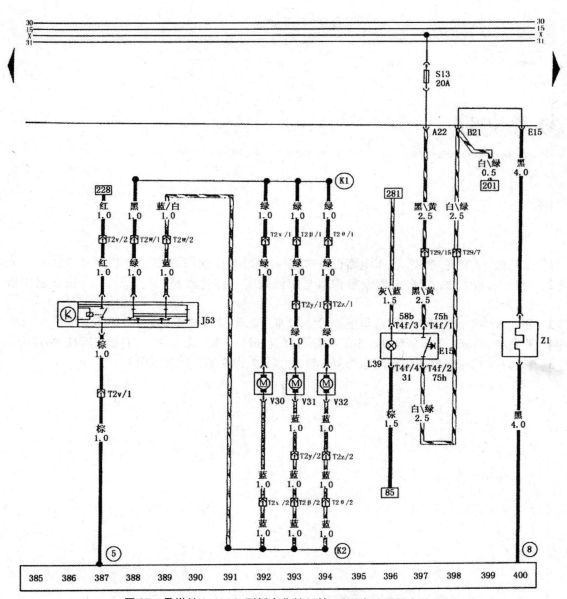

图 27　桑塔纳 2000GSi 型轿车集控门锁、后风窗除霜器电路图

E15—后风窗除霜器开关；J53—集控锁控制器；L39—后风窗除霜器开关照明灯；
S13—后风窗除霜器保险丝(20 A)；T2v—左前门集控锁附加线束与集控门锁线束插头连接(2 针,在左前门内)；
T2w—左前门集控锁附加线束与集控门锁线束插头连接(2 针,在左前门内)；T2x—右前门集控锁附加线束
与集控门锁线束插头连接(2 针,在右前门内)；T2y—左后门集控锁附加线束与左后门附加线束插头连接
(2 针,在左后门内)；T2z—右后门集控锁附加线束与右后门附加线束插头连接(2 针,在右后门内)；
T2β—左后门附加线束与集控锁线束插头连接(2 针,在司机座椅外侧地毯下)；T2θ—右后门附加线束
与集控锁线束插头连接(2 针,在副驾驶座椅外侧地毯下)；T4f—仪表板开关线束与后窗除霜器开关插头连接
(4 针,在后窗除霜器开关上)；T29—仪表板线束与仪表板开关线束插头连接(29 针,在组合仪表下方)；
V30—右前集控锁电动机；V31—左后集控锁电动机；V32—右后集控锁电动机；Z1—后风窗除霜器；
⑤—接地点(在中央线路板右侧星形接地爪上)；⑧—接地点(在左组合后灯左侧车身上)；
Ⓚ1—连接线(在集控门锁线束内)；Ⓚ2—连接线(在集控门锁线束内)

237

参考文献

[1] 张柏荣,李宏亮,李亮. 汽车电器设备构造与检修[M]. 沈阳:东北大学出版社,2014.

[2] 李云杰,黄龙进. 汽车电器设备构造与维修理实一体化教材[M]. 北京:人民交通出版社,2012.

[3] 胡光辉. 汽车电器设备构造与维修[M]. 2 版. 北京:人民邮电出版社,2018.

[4] 罗富坤,高云. 汽车车身电控系统检修与修复[M]. 2 版. 北京:机械工业出版社,2017.

[5] 官海兵. 汽车电气故障诊断与修复[M]. 北京:人民交通出版社,2017.